GONGDIAN FUWU YUNYING GUANKONG YEWU PEIXUN TIKU

供电服务运营管控业务
培训题库

国网宁夏电力有限公司宁东供电公司 编

中国电力出版社

CHINA ELECTRIC POWER PRESS

图书在版编目（CIP）数据

供电服务运营管控业务培训题库 / 国网宁夏电力有
限公司宁东供电公司编. -- 北京：中国电力出版社,
2024. 10. -- ISBN 978-7-5198-9138-1

Ⅰ. F426.61-44

中国国家版本馆 CIP 数据核字第 2024EF8916 号

出版发行：中国电力出版社
地　　址：北京市东城区北京站西街 19 号（邮政编码 100005）
网　　址：http://www.cepp.sgcc.com.cn
责任编辑：雍志娟
责任校对：黄　蓓　于　维
装帧设计：郝晓燕
责任印制：石　雷

印　　刷：廊坊市文峰档案印务有限公司
版　　次：2024 年 10 月第一版
印　　次：2024 年 10 月北京第一次印刷
开　　本：787 毫米×1092 毫米　16 开本
印　　张：11.25
字　　数：219 千字
印　　数：0001—1000 册
定　　价：75.00 元

《供电服务运营管控业务培训题库》

编 委 会

主　任　张　波　刘爱国

副主任　王国功　相中华　支占宁

委　员　孔学涛　张韶华　张金鹏　姚宗溥　范　舜

何鹏飞　康　健　张鹏程　郑　伟

编 写 组

主　编　翟虎成

副主编　石　峰　杜严行　王碧琼　张仁和　崔　波

成　员　石文波　宋卫东　胡志达　安晓亮　薛文光

徐珊珊　王占红　王纯玮　张　睿　余雅博

李　恒　陈育宁　马　岩　郝　莉　祁升龙

芦　翔　唐　婷　张少敏　黄　升

前　言

国家电网公司党组明确建设具有中国特色国际领先的能源互联网企业战略目标和"一体四翼"发展布局，要求必须强化供电服务质量，优化电力营商环境，打造现代化高品质卓越服务，当好经济社会发展"电力先行官"，充分发挥"大国重器"和"顶梁柱"作用。国网宁夏电力有限公司宁东供电公司始终坚持贯彻落实国家电网公司战略目标及发展要求，认真践行"人民电业为人民"的企业宗旨，坚持以客户为中心，以问题为导向，持续提升供电服务质量及服务水平。

为引领带动广大供电服务运营管控业务员工强化专业知识结构、增强主动服务意识、提高服务技术技能，国网宁夏电力有限公司宁东供电公司以国家职业技能鉴定、电力行业职业技能鉴定以及国家电网有限公司技能等级评价（认定）相关制度、规范、标准为依据，主要针对供电服务运营管控业务相关技术技能人员，将技术理论基础与专业操作技能相结合，立足宁夏电网供电服务运营管控业务实际情况，结合新型电力系统建设要求，编写了《供电服务运营管控业务培训题库》。

本书在编写过程中，充分考虑国家电网公司最新制度标准规范、国网宁夏电力有限公司供电服务业务实际情况、现有业务及新兴业务布局及发展，在内容上，涵盖国家电网公司营配调相关制度、标准、规程、规定等内容。本书分为配网调度控制、配电二次运维、配网运营管控、供电服务指挥等四个部分。本书可供电网企业技能人员学习参考，可作为电网企业供电服务专业人员的培训教学用书，也可为电力职业院校教学参考用书。

限于编者水平，题库中难免存在不妥与疏漏之处，敬请各位读者批评指正。

编　者

2024 年 8 月

目　录

配网调度篇

一、单选题

1. 新设备投运前（　　）工作日，电力客户向调控机构提供变电所现场运行规程、有关新建设备的继电保护定值及用户内部启动方案。

A. 3个　　　　B. 5个　　　　C. 7个　　　　D. 10个

【知识点、考核点】分布式电源并网调度服务手册示范文本，新（改、扩）建设备投运办理准备条件。

【答案】B

2.（　　）在其值班期间为配网运行的指挥者和协调者，负责对其管辖范围内的设备操作和事故处理下达调度指令，并对下达的调度指令的正确性负责。

A. 配调调控员　　B. 配调值班员　　C. 配调主值　　D. 配调副值

【知识点、考核点】国网宁夏电力有限公司配电网调度控制管理规程。

【答案】A

3. 属配调调控管辖的设备，凡需改变（　　），必须得到配调值班调控员的指令才能进行，不允许私自操作设备，操作前后应与配调值班调控员核对设备状态。

A. 操作步骤　　B. 设备状态　　C. 操作方法　　D. 运行状态

【知识点、考核点】国网宁夏电力有限公司配电网调度控制管理规程。

【答案】D

4. 配调值班调控员在当值期间应认真监视（　　）kV 接入配调线路负荷情况，对重载线路及时进行运行方式的调整，并及时告知配网运行方式专责及设备运维单位。

A. 10kV　　　B. 20kV　　　C. 35kV　　　D. 0.4kV

【知识点、考核点】国网宁夏电力有限公司配电网调度控制管理规程。

【答案】A

5. 配调调控员离岗（　　）以上者，应跟班1～3天熟悉情况后方可正式值班。离岗三个月以上者，应经必要的跟班实习考试合格后方可正式值班。

A. 半个月　　　B. 一个月　　　C. 二个月　　　D. 三个月

【知识点、考核点】国网宁夏电力有限公司配电网调度控制管理规程。

【答案】B

6. 配网停送电联系人根据已批准的停电计划或临时停电申请，严格按照已批准的（　　）申请。设备检修工作应严格控制在已批准的时间内完成，不得无故超计划时间检修。

A. 停电时间　　B. 检修时间　　C. 检修计划　　D. 停电计划

【知识点、考核点】国网宁夏电力有限公司配电网调度控制管理规程。

【答案】A

7. 当配网新（改、扩）建设备接入需改变系统正常运行方式时，由配网运维单位提交投运资料，（　　）编制加入配网的启动方案，并向地调上报备案，由配调值班调控员执行。

　　A. 配网运行方式专责　　　　　　　　B. 配网检修计划专责
　　C. 配网调度班班长　　　　　　　　　D. 配网主值调度员

【知识点、考核点】国网宁夏电力有限公司配电网调度控制管理规程。

【答案】A

8. 当（　　）后，涉及配网运行方式变化时，配调应下发运行方式变更通知单，并向地调上报备案，由配调值班调控员和各级运行人员执行。

　　A. 保护定值变化　　B. 配网设备更换　　C. 配网设备退役　　D. 配网新设备接入

【知识点、考核点】国网宁夏电力有限公司配电网调度控制管理规程。

【答案】D

9. （　　）申请报告主要包括以下内容：新建设备预定加入配网运行的日期，停送电联系人，工程竣工经验收合格、具备送电条件的证明。

　　A. 新建设备的投运　　　　　　　　　B. 改建设备的投运
　　C. 新（改、扩）建设备的投运　　　　D. 扩建设备的投运

【知识点、考核点】国网宁夏电力有限公司配电网调度控制管理规程。

【答案】C

10. 具备送电条件后，由现场停送电联系人向配调值班调控员申请，经配调值班调控员核对（　　）后，由配网运行单位按调度指令将设备投入运行。配网新设备投产只有得到配调值班调控员的命令后方能加入系统运行。

　　A. 运行方式　　　　　　　　　　　　B. 保护定值单
　　C. 投运申请　　　　　　　　　　　　D. 运行方式和保护定值单

【知识点、考核点】国网宁夏电力有限公司配电网调度控制管理规程。

【答案】D

11. （　　）专线接入的分布式电源接入调度自动化系统，由地调统一调度管理；10kV线路T接的分布式电源，由配调统一调度管理，并接入配电自动化系统。

　　A. 10kV　　　　　B. 35kV　　　　　C. 10～35kV　　　　D. 380/220V

【知识点、考核点】国网宁夏电力有限公司配电网调度控制管理规程。

【答案】C

12. 配调应建立工作机制，及时更新接入（　　）的分布式电源资料，并在相应技术支持系统和图纸中标明分布式电源在上一电压等级公用电网内的接入点。

A. 10kV 中压配电网　　　　　　B. 35kV 中压配电网

C. 10～35kV 中压配电网　　　　D. 380/220V 低压配电网

【知识点、考核点】国网宁夏电力有限公司配电网调度控制管理规程。

【答案】D

13. 配网设备（　　）操作，需要分布式电源运行维护方配合操作或配合做安全措施者，配调值班调控员负责指挥分布式电源运行维护方操作或配合做安全措施。操作后配调值班调控员及时通知地调值班调控员。

A. 停送电　　　　B. 停复电　　　　C. 计划检修　　　　D. 应急处置

【知识点、考核点】国网宁夏电力有限公司配电网调度控制管理规程。

【答案】A

14. 配调值班调控员只与调度协议中具备资格的人员进行调度业务联系，未取得资格的人员不得申请任何操作。分布式电源运维方不得擅自变更（　　），确需变更的需在变更前向配调报备，并在取得资格后方可进行调度业务联系。

A. 停送电联系人　　B. 工作票签发人　　C. 工作负责人　　D. 工作许可人

【知识点、考核点】国网宁夏电力有限公司配电网调度控制管理规程。

【答案】A

15. 积极推动发展"光伏＋储能"，提高（　　）电源利用效率。

A. 共享式　　　　B. 独立式　　　　C. 分布式　　　　D. 集中式

【知识点、考核点】《国家电网有限公司"碳达峰、碳中和"行动方案》：积极推动发展"光伏＋储能"，提高分布式电源利用效率。

【答案】C

16. （　　）是开展高压配电网规划的基本单位，主要用于高压配电网变电站布点和目标网架构建。

A. 供电分区　　　B. 供电网格　　　C. 供电单元　　　D. 供电区域

【知识点、考核点】《配电网规划设计技术导则》（Q/GDW 10738—2022）：第 5 章 5.2.1 供电分区是开展高压配电网规划的基本单位，主要用于高压配电网变电站布点和目标网架构建。

【答案】A

17. 在配电自动化系统中，信息采集的任务通常是由（　　）来完成的。

A. 数据库服务器　　　　　　　　B. 配网经济运行服务器

C. DTS 服务器　　　　　　　　　D. 前置服务器

【知识点、考核点】配电自动化系统主站功能规范（试行）。

【答案】D

18. 配电网负荷增长速度为饱和期的 110～35kV 电网容载比为（　　）。

A. 1.5～1.7　　　B. 1.6～1.8　　　C. 1.7～1.9　　　D. 1.8～2.0

【知识点、考核点】《配电网规划设计技术导则》（Q/GDW 10738—2022）。

【答案】A

19. 若并网点电压大于 50%U_N、小于（　　），微电网不宜从电网获取能，宜向电网输送电能，支撑并网点电压。

A. 95%U_N　　　B. 90%U_N　　　C. 85%U_N　　　D. 80%U_N

【知识点、考核点】《微电网接入配电网运控制规范》（T/CEC 147—2022）。

【答案】B

20. 馈线自动化处理过程中，在具备多个备用电源的情况下，应根据（　　），对恢复区域进行拆分供电。

A. 各个区域的负载情况　　　　　　B. 各个电源点的负载能力

C. 区域供电等级　　　　　　　　　D. 负载供电可靠性要求

【知识点、考核点】配电自动化系统主站功能规范（试行）。

【答案】B

21. 现场抢修服务行为应符合（　　）要求。

A.《国家电网公司供电服务规范》

B.《国家电网公司配网抢修指挥工作管理办法》

C.《供电监管办法》

D.《国家电网公司配网抢修工作管理办法》

【知识点、考核点】《国家电网有限公司 95598 故障报修业务处理规范》。

【答案】A

22. 促进能源利用高效化，推广节能导线和（　　），强化节能调度，提高电网节能水平。

A. 变压器　　　B. 断路器　　　C. 电容器　　　D. 电抗器

【知识点、考核点】《国家电网办〔2021〕251 号国家电网有限公司关于"一体四翼"发展的指导意见》，推广节能导线和变压器，强化节能调度，提高电网节能水平。

【答案】A

23. 在人机界面上不能使用拓扑分析应用来进行电网运行状态展示的电网运行状态是（　　）。

A. 停电　　　B. 接地　　　C. 过载　　　D. 带电

【知识点、考核点】配电自动化系统主站功能规范（试行）。

【答案】C

24. B 类供电区域配电自动化终端配置方式采用（　　　）。

A. 三遥为主

B. 三遥或二遥

C. 二遥为主，联络开关和特别重要的分段开关也可配置三遥

D. 二遥为主，如确有必要经论证后可采用少量三遥

【知识点、考核点】《配电网规划设计技术导则》（Q/GDW 10738—2022）。

【答案】C

25. 树牢安全发展理念，健全安全管理体系，压紧压实全员安全责任，深化双重预防机制，提升（　　）水平，严守"三杜绝、三防范"目标，为电网安全发展提供坚实保障。

A. 电网安全　　　　B. 设备安全　　　　C. 本质安全　　　　D. 产品安全

【知识点、考核点】《国家电网办〔2021〕251 号国家电网有限公司关于"一体四翼"发展的指导意见》。

【答案】C

26. 通过 220V/380V 并网的微电网，并网点频率为（　　　）Hz 时，应能正常并网运行。

A. 49.5～50.5　　　B. 49.5～50.2　　　C. 49.2～50.2　　　D. 49.5～50.6

【知识点、考核点】《微电网接入配电网运控制规范》（T/CEC 147—2022）。

【答案】B

27.《配电网规划设计技术导则》中 C 类供电区是指（　　　）。

A. 主要为地级市的市中心区、省会城市（计划单列市）的市区，以及经济发达县的县城。

B. 主要为城镇区域

C. 主要乡村、农林场

D. 主要为省会城市（计划单列市）的市中心区、直辖市的市区以及地级市的市中心区

【知识点、考核点】《配电网规划设计技术导则》（Q/GDW 10738—2022）。

【答案】B

28. 配电网通信系统发生严重缺陷时必须在（　　　）h 内消除或降低缺陷等级。

A. 8　　　　　　　B. 24　　　　　　　C. 36　　　　　　　D. 72

【知识点、考核点】《配网调控人员培训手册》。

【答案】D

29. 分布式电源并网后，公共连接点的三相电压不平衡度不应超过 2%，短时不超过

（　　）。

  A. 0.02   B. 0.04   C. 0.05   D. 0.06

【知识点、考核点】《配网调控监控人员培训手册》。

【答案】B

30. A+、A、B、C类供电区域高压配电网及中压主干线应满足（　　）原则，A+类供电区域按照供电可靠性的需求，可选择性满足（　　）原则。

  A. "$N-1$"，"$N-1-1$"   B. "$N-1-1$"，"$N-1-1$"

  C. "$N-1$"，"$N-1$"   D. "$N-1-1$"，"$N-1$"

【知识点、考核点】《配电网规划设计技术导则》（Q/GDW 10738—2022）。

【答案】A

31. A+、A、B类供电区域110（66）kV架空线路截面不宜小于（　　）mm^2。

  A. 240   B. 150   C. 120   D. 110

【知识点、考核点】《配电网规划设计技术导则》（Q/GDW 10738—2022）。

【答案】A

32. 35、10kV系统可采用不接地、（　　）或低电阻接地方式。

  A. 有效接地方式   B. 非有效接地

  C. 经消弧线圈接地   D. 阻性接地

【知识点、考核点】《配电网规划设计技术导则》。

【答案】C

33. 微电网的计划离网控制指令可由（　　）或由微电网运行控制系统下达。

  A. 并网保护装置 B. 操作人员 C. 电力调控机构 D. 业主

【知识点、考核点】《微电网接入配电网运控制规范》（T/CEC 147—2022）。

【答案】C

34. 服务新能源发展，支持以新能源为主的（　　）、微电网和分布式电源发展，保障新能源及时同步并网。

  A. 主干网   B. 区域网   C. 局域网   D. 分区网

【知识点、考核点】《国家电网办〔2021〕251号国家电网有限公司关于"一体四翼"发展的指导意见》。

【答案】C

35. 接入10kV及以上电压等级配电网的微电网（　　）最大值及变化率应在电力调控机构规定范围内。

  A. 电压   B. 交换功率   C. 频率   D. 相位差

【知识点、考核点】《微电网接入配电网运控制规范》（T/CEC 147—2022）。

【答案】B

36. 对于停电范围不大于（　　）MW 的组负荷，允许故障修复后恢复供电，恢复供电的时间与故障修复时间相同。

A. 3　　　　　　　　B. 2　　　　　　　　C. 1　　　　　　　　D. 1.5

【知识点、考核点】《配电网规划设计技术导则》（Q/GDW 10738—2022）。

【答案】B

37. 储能系统首次接入电网时应由电网企业进行并网条件确认，应按照 GB/T 36547 规范要求开展并网调试试验，相关特征测试报告应按规定要求向（　　）提交。

A. 电网企业　　　B. 电力调控机构　　　C. 电力营销部门　　　D. 电力监管部门

【知识点、考核点】GB/T 36547 电化学储能系统接入电网技术规定。

【答案】B

38. 故障研判依据配网故障、95598 报修、计划停电、配电变压器及低压设备召唤量测等信息，利用网络拓扑关系和营配调贯通数据，通过综合分析，最终确定（　　）。

A. 报修用户名称、报修地址、联系电话

B. 电流、电压、功率

C. 故障位置、故障类型及停电范围

D. 计量点、受电点、供电路径

【知识点、考核点】国家电网企管〔2022〕537 号《配网抢修指挥故障研判技术导则》。

【答案】C

39. 10kV 及以下三相供电电压偏差为标称电压的（　　）。

A. ±10%　　　　B. ±7%　　　　C. ±15%　　　　D. ±20%

【知识点、考核点】国家电网公司企业标准配电网技术导则（Q/GDW 10370—2016）5.3.1 供电电压偏差。

【答案】B

40. 220V 单相供电电压偏差为标称电压的（　　）。

A. +7%、−10%　　B. +7%、−15%　　C. +10%、−10%　　D. +7%、−7%

【知识点、考核点】国家电网公司企业标准配电网技术导则（Q/GDW 10370—2016）5.3.1 供电电压偏差。

【答案】A

41. 值班调控员、运维人员在向工作负责人发出（　　）的命令前，应记录工作班组名称、工作负责人姓名、工作地点和工作任务。

A. 许可工作　　　B. 工作许可　　　C. 许可　　　　　D. 工作指令

【知识点、考核点】国家电网有限公司电力安全工作规程　第 8 部分：配电部分 5.4

工作许可制度。

【答案】A

42. 用户侧设备检修，徐电网侧设备配合停电时，停电操作前应得到（　　）的书面申请，并经批准。

A. 值班调控员　　　　　　　　　　　　B. 用户停送电联系人

C. 操作人　　　　　　　　　　　　　　D. 现场停送电联系人

【知识点、考核点】国家电网有限公司电力安全工作规程　第8部分：配电部分5.4.8。

【答案】B

43. 操作人员（包括监护人）应了解操作目的和（　　）。对指令有疑问时应向发令人询问清楚无误后执行。

A. 操作指令　　　B. 操作内容　　　C. 操作顺序　　　D. 操作任务

【知识点、考核点】国家电网有限公司电力安全工作规程　第8部分：配电部分7.2.4.3。

【答案】C

44. 倒闸操作应根据（　　）或运维人员的指令，受令人复诵或核对无误后执行。

A. 发令人　　　B. 值班调控员　　　C. 配网调度员　　　D. 值班调度

【知识点、考核点】国家电网有限公司电力安全工作规程　第8部分：配电部分7.2.4.1。

【答案】B

45. 在带电作业过程中，若线路突然停电，作业人员应视线路仍然带电。工作负责人应尽快与（　　）或设备运维管理单位联系。

A. 值班调度员　　　B. 调度控制中心　　　C. 下令人　　　D. 许可人

【知识点、考核点】国家电网有限公司电力安全工作规程　第8部分：配电部分11.2.3。

【答案】B

46. （　　）应掌握接入高压配电网的分布式电源并网点开断设备的状态。

A. 电网调度控制中心　　　　　　　　　B. 配网调度员

C. 值班调度员　　　　　　　　　　　　D. 配网调控员

【知识点、考核点】国家电网有限公司电力安全工作规程　第8部分：配电部分15.2.1。

【答案】A

47. 分布式电源项目验收单位在项目并网验收后，应将工程有关技术资料和接线图提交（　　），及时更新系统接线图。

A. 配网调度控制中心　　　　　　　　　B. 电力调控中心

C. 方式计划　　　　　　　　　D. 电网管理单位

【知识点、考核点】国家电网有限公司电力安全工作规程　第 8 部分：配电部分 15.3.1。

【答案】D

48. 直接接入高压配电网的分布式电源的启停应执行（　　　）的指令。

A. 配调　　　　　　　　　　　B. 电力调度控制中心

C. 电网调度控制中心　　　　　D. 配网调控中心

【知识点、考核点】国家电网有限公司电力安全工作规程　第 8 部分：配电部分 15.2.2。

【答案】B

二、多选题

1. 10（6）～35kV 接入的分布式电源客户办理新（改、扩）建发输变电设备投运工作，需办理投运手续的新设备主要包括电力客户新建、改建、扩建的涉网（　　　）等，以及与其对应的涉及电网安全的继电保护和安全自动装置等。

A. 主变压器　　　B. 母线　　　　C. 断路器　　　　D. 发电设备

【知识点、考核点】分布式电源并网调度服务手册示范文本，新（改、扩）建设备投运办理专业范围。

【答案】ABCD

2. 电力客户完成与调控机构调度协议的签订，双方已在协议中明确新设备投运后的（　　　）等。

A. 运行方式　　　B. 操作方法　　　C. 注意事项　　　D. 安全措施

【知识点、考核点】分布式电源并网调度服务手册示范文本，新（改、扩）建设备投运办理准备条件。

【答案】AC

3. 电力客户应由具备相应资质的单位进行电气二次设备接入系统设计或继电保护更新改造设计，提供继电保护配置初步方案并经（　　　）向（　　　）提出涉网继电保护装置配置技术咨询。

A. 营销部门　　　B. 运检部门　　　C. 调控机构　　　D. 县公司

【知识点、考核点】分布式电源并网调度服务手册示范文本，继电保护装置配置与运行。

【答案】AC

4. 本规程规定了国网宁夏电力有限公司地市供电公司配电网（以下简称配

网)（　　）的基本原则。

A. 调控管理　　　B. 设备操作　　　C. 事故处理　　　D. 调控业务联系

【知识点、考核点】国网宁夏电力有限公司配电网调度控制管理规程的基本原则。

【答案】ABCD

5. 配网调控管理的任务是负责组织、指挥、协调配网内配电设备的安全运行、操作和事故处理，遵循安全、优质、经济的原则，其主要任务是（　　）

A. 充分发挥配网内供电设备能力，最大限度满足配网的用电需求

B. 保证配网安全运行和对客户的持续供电

C. 合理安排运行方式及检修计划，减少重复停电，保证配网在最安全可靠的方式下运行

D. 根据国家有关法律、法规和政策，按照"公平、公正、公开"的原则对配网进行调控，保护供电、用电等有关方面的合法权益

【知识点、考核点】宁夏电力有限公司配电网调度控制管理规程（试行）。

【答案】ABCD

6. 任何单位和个人不得干预调度系统值班人员发布或执行调度指令，调度值班人员有权拒绝各种非法干预。如有值班人员（　　）调度指令，均视为不执行调度指令。

A. 不执行　　　B. 延误执行　　　C. 变相执行　　　D. 提前执行

【知识点、考核点】国网宁夏电力有限公司配电网调度控制管理规程。

【答案】ABC

7. 当线路负荷值发生突然变化或异常时，配调值班调控员应充分考虑到线路是否有（　　）、（　　）、（　　）等，并及时采取相应的处理措施。

A. 大容量负荷投退　　　　　　B. 线路故障

C. 远动设备异常　　　　　　　D. 线路跳闸

【知识点、考核点】国网宁夏电力有限公司配电网调度控制管理规程。

【答案】ABC

8. 配调值班调控员是配网运行的指挥者，其行为直接影响配网的（　　）运行，值班期间严禁进行与配网调控无关的事。

A. 安全　　　B. 经济　　　C. 优质　　　D. 可靠

【知识点、考核点】国网宁夏电力有限公司配电网调度控制管理规程。

【答案】ABC

9. 配调调控员值班期间应掌握电网运行状况，及时调整运行方式，认真做好（　　）。做好各种记录，要求内容真实、完整、清晰。

A. 故障研判　　　　　　　　　B. 处理预案

C. 事故预想   D. 电网薄弱环节分析

【知识点、考核点】国网宁夏电力有限公司配电网调度控制管理规程。

【答案】BCD

10. 交班值应提前十分钟做好交班的准备工作,认真填写值班日志,将各种（　　　）收集齐全并摆放整齐,核对配网调度工作站上的接线和标示情况,检查本班各项工作的执行情况,保持调度大厅整洁。

A. 记录   B. 报表   C. 文件   D. 关资料

【知识点、考核点】国网宁夏电力有限公司配电网调度控制管理规程。

【答案】ABCD

11. 配网新（改、扩）建设备的改接方案由各县供电公司、农电公司配网运维单位编制,经由（　　　）审核后,上报配调。新（改、扩）建设备的改接方案应包括工程概况、工程内容、停电范围及安全措施、核相程序等。

A. 运检部   B. 安质部   C. 营销部   D. 县公司分管领导

【知识点、考核点】国网宁夏电力有限公司配电网调度控制管理规程。

【答案】ABC

12. 用户的设备接入配网运行,各县供电公司、农电公司配网运维单位应至少于 1 个工作日前向配调上报设备投运申请报告,报告应包括以下内容（　　　）。

A. 用户设备电源点、用户设备装机容量

B. 保护装置定值单

C. 用户设备预计接入配网运行的日期

D. 用户设备经验收合格、具备送电条件的证明

【知识点、考核点】国网宁夏电力有限公司配电网调度控制管理规程。

【答案】ABCD

13. 配电自动化系统的状态估计是解决 SCADA 系统实时数据存在的（　　　）问题。

A. 数据不齐全   B. 数据不准确   C. 数据有错误   D. 数据有变化

【知识点、考核点】配电自动化系统主站功能规范（试行）。

【答案】ABC

14. 以下（　　　）不是微电网运行控制及能量管理关键技术。

A. 并离网运行模式切换   B. 微电网频率控制技术

C. 微电网规划   D. 微电网参与辅助服务控制策略

【知识点、考核点】《配电网调控人员培训手册》。

【答案】CD

15. 交直流混合配电网网架结构应综合考虑（　　　）以及经济性等因素结合已有交

流网架确定，高、中、低压配电网三个层级应相互匹配、强简有序、相互支援。

A. 供电可靠性　　　　　　　　　B. 运行安全稳定性

C. 调度操作灵活性　　　　　　　D. 电能质量要求

【知识点、考核点】《配电网调控人员培训手册》。

【答案】 ABCD

16. 依据以下（　　）信息能排除配变失电告警为误报。

A. 配变下游用户的电能表运行正常　　B. 配变下游低压线路运行正常

C. 配变上游主干线开关运行正常　　　D. 配变上游分支线开关运行正常

【知识点、考核点】国家电网企管〔2022〕537 号《配网抢修指挥故障研判技术导则》。

【答案】 AB

17. 配电自动化系统是提升配电网运行管理水平的有效手段，应具备配电（　　）等功能。

A. SCADA　　　　B. 馈线自动化　　　C. 配电网分析应用　　D. 负荷控制管理

【知识点、考核点】《配电网规划设计技术导则》（Q/GDW 10738—2022）。

【答案】 ABC

18. 分电压等级电力平衡应结合（　　），确定该电压等级所需新增的变压器容量。

A. 负荷预测结果　　　　　　　　B. 电压等级

C. 电源装机发展情况　　　　　　D. 现有变压器容量

【知识点、考核点】《配电网规划设计技术导则》（Q/GDW 10738—2022）。

【答案】 ACD

19. 分布式电源靠近（　　），这将改变传统的电力系统辐射状的（　　）。

A. 用户侧　　　　B. 电源侧　　　　C. 供电结构　　　　D. 输电结构

【知识点、考核点】《配网调控监控人员培训手册》。

【答案】 AC

20. 故障研判可以参考以下（　　）的信息。

A. 95598 报修　　　　　　　　　B. 计划停电

C. 配电变压器量测　　　　　　　D. 人资系统

【知识点、考核点】国家电网企管〔2022〕537 号《配网抢修指挥故障研判技术导则》。

【答案】 ABC

21. 10kV 及以上电压等级接入的分布式电源（除 10kV 接入的分布式光伏发电、风电、海洋能发电项目），上传（　　）有功功率、无功功率和发电量等实时运行信息。

A. 并网设备状态　　B. 保护运行状态　　C. 并网点电压　　　D. 电流

【知识点、考核点】《分布式电源并网技术要求》（GB/T 33593—2017）。

【答案】ACD

22. 接入 10kV 及以上电压等级配电网的微电网系统，运行人员应定期核对继电保护装置的（　　），并做好记录。

A. 各相交流电压　　　　　　　B. 差电流

C. 外部开关量变位　　　　　　D. 时钟

【知识点、考核点】《微电网接入配电网运控制规范》（T/CEC 147—2022）。

【答案】ABCD

23. 容载比的确定要考虑（　　）、负荷增长率、负荷转移能力等因素的影响。

A. 负荷分散系数　　B. 平均功率因数　　C. 变压器负载率　　D. 储备系数

【知识点、考核点】出自《配电网规划设计技术导则》（Q/GDW 10738—2022）。

【答案】ABCD

24. SCADA 作为配电主站系统最基本的应用，它包含了（　　）等功能。

A. 数据采集　　　　　　　　　B. 数据处理

C. 数据记录　　　　　　　　　D. 全息历史/事故反演

【知识点、考核点】配电自动化系统主站功能规范（试行）。

【答案】ABCD

25. 储能在电力系统发电、输配电和用电各环节可起到（　　）作用。

A. 优化全系统资源配置　　　　B. 提高运行稳定性

C. 降低配网运行难度　　　　　D. 能量利用效率

【知识点、考核点】《配网调控人员培训手册》。

【答案】ABD

26. 以下概念，表述正确的有（　　）。

A. 负荷组：由多个供电点构成的集合

B. 组负荷：负荷组的最大负荷

C. 容载比：某一规划区域、某一电压等级电网的公用变电设备总容量与对应网供最大负荷的比值

D. 双回路：为同一用户负荷供电的两回供电线路，两回供电线路可以来自同一变电站的同一母线段

【知识点、考核点】出自《配电网规划设计技术导则》（Q/GDW 10738—2022）。

【答案】BCD

27. 配电网侧发生故障时，微电网并网点保护或安全自动装置应动作跳开并网开关，动作时间小于（　　），以避免非同期合闸。

A. 线路过流保护动作时间　　　　B. 线路重合闸时间

C. 线路备自投动作时间　　　　　　D. 2s

【知识点、考核点】《微电网接入配电网运控制规范》（T/CEC 147—2022）。

【答案】BC

28. 配电网应具有科学的（　　　）和必要的数字化、自动化、智能化水平，以提高供电保障能力、应急处置能力、资源配置能力。

A. 网架结构　　　　　　　　　　　B. 必备的容量裕度

C. 适当的转供能力　　　　　　　　D. 合理的装备水平

【知识点、考核点】出自《配电网规划设计技术导则》（Q/GDW 10738—2022）。

【答案】ABCD

29. 10kV 配电网中性点接地方式的选择应遵循以下原则（　　　）。

A. 单相接地故障电容电流在 20A 及以下，宜采用中性点不接地方式

B. 单相接地故障电容电流在 10A 及以下，宜采用中性点不接地方式

C. 单相接地故障电容电流在 10～150A，宜采用中性点经消弧线圈接地方式

D. 单相接地故障电容电流达到 150A 以上，宜采用中性点经低电阻接地方式，并应将接地电流控制在 150～800A 范围内

【知识点、考核点】出自《配电网规划设计技术导则》（Q/GDW 10738—2022）。

【答案】BCD

30. 下列有关电源接入电源总容量范围和并网电压等级相符的是：（　　　）。

A. 8kW 及以下，220V　　　　　　B. 8～400kW，380V

C. 400kW～6MW，10、35kV　　　D. 6～50MW，35、66、110kV

【知识点、考核点】《配电网规划设计技术导则》（Q/GDW 10738—2022）。

【答案】ABD

三、判断题

1. 新设备投运前，电力客户经供电公司营销部向调控机构提供所投运主设备的参数资料、一二次系统图、保护装置说明书、设备命名建议等技术资料。（　　　）

【知识点、考核点】分布式电源并网调度服务手册示范文本，新（改、扩）建设备投运办理准备条件。

【答案】正确

2. 10kV 接入系统的分布式电源电站内需配置直流电源，供关口电能表、电能量终端服务器、交换机等设备使用。（　　　）

【知识点、考核点】《分布式电源并网技术要求》（GB/T 33593—2017）。

【答案】错误

3. 对于直流电压等级，±50kV 至±100kV（不含）电压等级电网为高压直流配电网。（　　）

【知识点、考核点】《配电网调控人员培训手册》。

【答案】错误

4. 故障研判时，研判人员不需要掌握已知计划停电数据。（　　）

【知识点、考核点】国家电网企管〔2022〕537 号《配网抢修指挥故障研判技术导则》。

【答案】错误

5. 变电站间和中压线路间的转供能力，主要取决于正常运行时的变压器容量裕度、线路容量裕度、中压主干线的合理分段数和联络情况等。（　　）

【知识点、考核点】《配电网规划设计技术导则》（Q/GDW 10738—2022）。

【答案】正确

6. 针对配电网在不同应用阶段和应用状态下的操作控制需要，建立的多场景配电网模型，一般可以分为：实时态、研究态、未来态等。（　　）

【知识点、考核点】配电自动化系统主站功能规范（试行）。

【答案】正确

7. 分布式电源并网电压等级可根据装机容量进行初步选择，最终并网电压等级应根据电网条件，通过技术经济比选论证确定。若高低两级电压均具备接入条件，优先采用高电压等级接入。（　　）

【知识点、考核点】《分布式电源并网技术要求》（GB/T 33593—2017）。

【答案】错误

8. 光伏电池、逆变器等设备，需取得国家授权的有资质的检测机构检测报告。（　　）

【知识点、考核点】《分布式电源并网技术要求》（GB/T 33593—2017）。

【答案】正确

9. 配电网第一级供电安全水平要求单台配电变压器所带的负荷不宜超过 2MW。（　　）

【知识点、考核点】《配电网规划设计技术导则》（Q/GDW 10738—2022）。

【答案】正确

10. 公共连接点是指电源接入电网的连接处，该电网既可能是公共电网，也可能是用户电网。（　　）

【知识点、考核点】《分布式电源并网技术要求》（GB/T 33593—2017）。

【答案】错误

11. 配电系统自动化可以大大提高配电设备利用率，提高供电质量，降损节能，降低人们的劳动强度并充分利用现有设备的能力。（　　）

【知识点、考核点】配电自动化系统主站功能规范（试行）。

【答案】错误

12. 分布式电源采用 T 接线路接入系统时，为了保证其他用户的供电可靠性，一般情况下需在分布式电源站侧配置延时过流保护反映内部故障。（　　）

【知识点、考核点】配电自动化系统主站功能规范（试行）。

【答案】错误

13. 接入 10kV 电网的电动汽车充换电设施，容量小于 4000kVA 宜接入公用电网 10kV 线路或接入环网柜、电缆分支箱、开关站等，容量大于 4000kVA 宜专线接入。（　　）

【知识点、考核点】《配电网规划设计技术导则》（Q/GDW 10738—2022）。

【答案】正确

14. 不同的告警触发不同的研判，若主线失电和低压线路失电同一时间告警，应从主线失电开始处理。（　　）

【知识点、考核点】国家电网企管〔2022〕537 号《配网抢修指挥故障研判技术导则》。

【答案】正确

15. 分布式电源接入 20kV 及以下系统，三相公共连接点电压偏差不超过标称电压的±10%。（　　）

【知识点、考核点】配电自动化系统主站功能规范（试行）。

【答案】错误

16. 推进"一体四翼"发展布局，要落实城市更新行动部署，做好老旧小区、厂区、街区和城中村配电网改造，深化配网可靠性提升行动，强化"煤改电"配套电网运维保障。（　　）

【知识点、考核点】《国家电网办〔2021〕251 号国家电网有限公司关于"一体四翼"发展的指导意见》。

【答案】正确

17. 国家电网公司牢固树立"能源转型、绿色发展"理念，加快电网发展，加大技术创新，推动能源电力从低碳向高碳、从以化石能源为主向以清洁能源为主转变。（　　）

【知识点、考核点】《国家电网有限公司"碳达峰、碳中和"行动方案》。

【答案】错误

18. 新能源、直流等大量替代常规机组，电动汽车、分布式能源、储能等交互式用能设备广泛应用，电力系统呈现高比例可再生能源、高比例电力电子设备的"双高"特征，系统转动惯量持续下降，调频、调压能力不足。（　　）

【知识点、考核点】《国家电网有限公司"碳达峰、碳中和"行动方案》。

【答案】正确

19. 10kV 及以下线路的供电距离指从变电站（配电变压器）出线到其供电的最远负荷点之间的线路长度。（   ）

【知识点、考核点】配电网规划设计技术导则（Q/GDW 10738—2022）。

【答案】正确

20. 380/220V 接入的分布式电源应具备自适应控制功能，当并网点电压、频率越限或发生孤岛运行时，应能自动脱离电网。（   ）

【知识点、考核点】《分布式电源并网技术要求》（GB/T 33593—2017）。

【答案】正确

21. 当分布式电源项目的运营模式确定为自发自用且余量不上网时，可按照常规用户配置关口计量电能表。（   ）

【知识点、考核点】《分布式电源并网技术要求》（GB/T 33593—2017）。

【答案】正确

22. 配变停电告警信息应通过配变终端及该配变下随机多个低压计量装置的电压、电流、负荷值来校验配变停电信息的准确性。（   ）

【知识点、考核点】国家电网企管〔2022〕537 号《配网抢修指挥故障研判技术导则》。

【答案】正确

23. 对于有联络（含开关站站间联络）的线路，主干线首端为变电站的 10kV 出线开关，末端为联络开关，主干线含开关站的出线。（   ）

【知识点、考核点】《配电网规划设计技术导则》（Q/GDW 10738—2022）。

【答案】错误

24. 分布式电源采用专用送出线路接入变电站或开关站 10kV 母线时，一般情况下配置（方向）过流保护，也可以配置距离保护；当上述两种保护无法整定或配合困难时，需增配纵联电流差动保护。（   ）

【知识点、考核点】《配网调控监控人员培训手册》。

【答案】正确

25. 分布式电源并网线路停电或发生故障时，随时都有来电的可能，此时允许分布式电源发电运行值班人员拉开进线开关、刀闸，确保与电网隔离，避免向电网反送电，并向配调值班调控员或营销部汇报。（   ）

【知识点、考核点】国网宁夏电力有限公司配电网调度控制管理规程。

【答案】正确

26. 配网运行方式发生变化时，配调应综合考虑系统安全约束以及分布式电源特性和运行约束等，通过计算分析确定允许分布式电源上网的最大有功功率和有功功率变化率。（   ）

【知识点、考核点】国网宁夏电力有限公司配电网调度控制管理规程。

【答案】正确

27. 10（6）kV 接入的分布式电源，上传配调主站端信息包括并网设备状态、并网点电压、电流、有功功率、无功功率和发电量。（　　）

【知识点、考核点】国网宁夏电力有限公司配电网调度控制管理规程。

【答案】正确

28. 380/220V 接入的分布式电源，可采用无线公网通信方式，但应满足安全防护的要求。（　　）

【知识点、考核点】国网宁夏电力有限公司配电网调度控制管理规程。

【答案】错误

29. 配网具备自动化功能的设备操作时，由配调值班调控员进行远程遥控操作，操作完毕经现场确认后视为操作结束。遇到遥控不成功时，下令现场人员手动操作，操作完毕后安排人员进行缺陷处理。（　　）

【知识点、考核点】国网宁夏电力有限公司配电网调度控制管理规程。

【答案】正确

30. 在进行远方遥控操作开关时，由配网主值调控员监护，副值调控员进行远方遥控操作开关，遥控操作完成后要及时通知相关设备运维单位。（　　）

【知识点、考核点】国网宁夏电力有限公司配电网调度控制管理规程。

【答案】正确

四、简答题

1. 10（6）～35kV 接入的分布式电源客户办理新（改、扩）建发输变电设备投运工作，注意事项有哪些内容？

【知识点、考核点】分布式电源并网调度服务手册示范文本，新（改、扩）建设备投运办理注意事项。

【答案】

（1）调度设备命名编号和调度管辖范围划分由相应所辖调度负责以书面形式明确。

（2）电力客户应保证新设备的相位与系统一致。有可能形成环路时，启动过程中必须核对相位。不可能形成环路时，启动过程中可以只核对相序。厂、站内设备相位的正确性由电力客户自行负责。

2. 简述配电网故障处置的原则。

【知识点、考核点】配电网故障处置。

【答案】

调度配电网故障处置应按以下原则执行：

（1）迅速限制故障的发展，消除故障根源，解除对人身和设备的威胁，防止稳定破坏、电网瓦解和大面积停电。

（2）用一切可能的方法保持设备继续运行和不中断或少中断重要用户的正常供电，首先应保证发电厂厂用电及变电站所用电。

（3）尽快对已停电的用户恢复供电，对重要用户应优先恢复供电。

（4）及时调整电网运行方式，尽快使其恢复正常运行。

3. 小电流接地系统在寻找单相接地故障时，有哪些注意事项？

【知识点、考核点】 寻找单相接地故障。

【答案】

在寻找单相接地故障时，必须注意：

（1）严禁在接地的电网中操作消弧线圈。

（2）禁止用闸刀断开接地故障。

（3）保护方式或定值是否变更。

（4）设备是否可能过负荷或因过负荷跳闸。

（5）防止电压过低影响用户。

（6）消弧线圈网络补偿度是否合适。

（7）查出故障点，应迅速处理。

4. 配调调管范围是什么？

【知识点、考核点】 配调调管范围。

【答案】

（1）地调与配调调管设备的分界点为变电站 10kV 配网线路侧隔离开关。

（2）10kV 配电网主干线路、分支线路，柱上开关（分段、联络、分支开关）及其隔离开关，负荷开关，跌落式熔断器。

（3）10kV 配网开关站、环网柜及分支箱设备。

（4）10kV 配电线路装设的无功补偿、调压设备。

（5）10kV 公用变压器高压侧负荷开关、跌落式熔断器等控制设备。

（6）10kV 公网线路 T 接用户设备的柱上开关、负荷开关、跌落式熔断器等控制设备。

5. 设备更换或调度命名变更后，及时进行信息变更的内容有哪些？

【知识点、考核点】 设备更换或调度命名变更后的信息变更。

【答案】

（1）执行设备命名更名流程及管理规定，根据调度要求及时开展更名。

（2）核对相关变更设备画面、数据库、公式定义正确无误。

（3）涉及信号测量或控制回路变更的，即使信息表未发生变化也应重新进行联调验收。

（4）设备更换或调度命名变更后，及时进行信息变更，涉及信号测量或控制回路变更的，即使信息表未发生变化也应重新进行联调验收，核对相关变更设备画面、数据库、公式定义正确无误。

6. 配调交接班内容包括什么？

【知识点、考核点】配调交接班内容。

【答案】

交接班内容以交接班日志、记录为依据。交接内容包括：

（1）运行日志和各种记录的重要内容。

（2）操作和检修工作的进行情况。

（3）系统运行方式、继电保护及自动装置的变更情况。

（4）设备缺陷、系统事故异常状态及其处理情况。

（5）配电自动化系统上接地开关，接地线装设情况。

（6）上级布置的工作、指示、传阅文件及有关单位联系事项。

（7）通信、录音设备、自动化装置及计算机等使用变动情况。

7. 配调应在新建设备投运前提前做好哪些工作，并书面通知到配电网运维单位？

【知识点、考核点】配调运行。

【答案】

（1）完成配电网新设备命名的下发。

（2）下发设备投运后的运行方式。

（3）编制配电网新设备启动方案。

（4）修改配电网调度工作站主接线图。

8. 配电网调控员应熟练掌握哪些内容？

【知识点、考核点】配电网调控员掌握的内容。

【答案】

（1）电力安全工作规程，上级和本公司的调控规程以及其他有关规程、规定、制度、指示、通知等。

（2）管辖电网的一次接线方式，主要设备的结构原理、运行特性和规范。

（3）管辖电网的继电保护和安全自动装置的基本原理、配置及运行情况。

（4）当年超负荷限电序位表和事故限电序位表。

（5）调控通信、自动化及各种办公设备的使用方法。

（6）调控术语及操作术语。

（7）主要调控业务联系对象的姓名及联系方式。

9. 如何判断遥控操作是否成功？

【知识点、考核点】遥控操作成功的判断。

【答案】

在进行遥控操作后，应通过监控系统检查设备的状态指示、遥测、遥信信号的变化，应有两个及以上的指示同时发生对应变化，才能确认该设备已操作到位。若调控员对遥控操作结果有疑问，应查明情况，必要时应通知现场运维人员核对设备状态。

10. 什么是配电网设备异动管理？配电网设备异动管理的目的和意义是什么？

【知识点、考核点】配电网设备异动管理的定义、目的和意义。

【答案】

新建、改建、大修配电网工程（包括业扩、增容、销户）、故障抢修等引起配电网网络拓扑、参数及设备命名变化统称配电网设备异动。针对配电网设备异动建立完整的异动流程，明确不同部门在异动工作发生时的工作职责，并在各个环节上有专人跟踪、监督工作进程，最终实现闭环管理，这就是配电网设备异动管理。

通过建立完善的配电网设备异动管理制度，可加强配电网设备管理，保障电网设备、系统图纸、技术资料、规程与现场实际情况相符合，以便调控、运行、检修人员及时掌握设备和系统情况，防止混乱，以利于生产。

11. 新设备启动前应具备什么条件？

【知识点、考核点】新设备启动前应具备的条件。

【答案】

新设备启动前应具备以下条件：

（1）该工程已全部按照设计要求安装，调试完毕、具备投运条件，验收质检（包括主设备、继电保护及安全自动装置、电力通信、调度自动化设备等）已经结束，质量符合安全运行要求，且新设备投运手续齐全。

（2）现场生产准备工作就绪。

（3）现场具备启动条件，且调度关系已明确。

（4）相关合同、技术管理协议等已经签订。

12. 调度术语中的"调度同意""调度许可""直接调度"的含义是什么？

【知识点、考核点】调度术语。

【答案】

（1）调度同意：上级值班调度员对下级值班调度员或厂站值班人员提出的申请、要求等予以同意。

（2）调度许可：在改变电气设备的状态和电网运行方式前，根据有关规定，由有关人员提出操作项目，值班调度员同意其操作。

（3）直接调度：值班调度员直接向运行人员发布调度命令的调度方式。

13. 配调值班调控员在倒闸操作前，应充分考虑哪些内容？

【知识点、考核点】配调倒闸操作。

【答案】

（1）停送电日期、时间、工作内容、工作地点及停送电范围是否正确。

（2）停送电时是否做好防止反送电的措施。

（3）对运行方式、继电保护、重要用户的供电可靠性、通信、配电自动化等方面的影响。

（4）防止产生带地线合闸及带负荷拉合隔离开关等误操作。并应做好操作中可能出现的异常情况的事故预想及对策。

（5）拟投运配电网设备相序、相位是否正确。

（6）配电网线路是否过载。

14. 配电网操作指令票的审核有哪些相关规定？

【知识点、考核点】配电网操作指令票的审核的规定。

【答案】

（1）调度操作指令票由正值调控员审核，经由拟票和审核人都签字的操作票，方可按规定下令操作。

（2）前一值编制的调度操作指令票，执行值的正值调控员必须重新审核签字后才能执行。如认为有问题可作废重新填写，对于上一值调度操作指令票的正确性，执行值负主要责任。

（3）计划检修操作，一般提前一天由配网副值调控员拟写调度操作指令票，拟写完成后由配电网正值调控员根据模拟屏或接线图审核，并签字。

15. 简要描述小接地电流系统接地处理的工作流程。

【知识点、考核点】小接地电流系统接地处理的工作流程。

【答案】

（1）电网发生接地信号，地调根据选线顺序确定接地线路后通知配调，重要及高危用户需配调与运维单位联系确认后方可选线。

（2）若为间歇性接地，断开接地线路开关后不再送电。

（3）配调根据选线结果，通知运维单位查线，运维单位根据查线结果判定是否需要停电处理；如需停电处理，运维单位向配调申请线路停电处理。

（4）线路具备送电条件后，配调下令恢复送电，并将处置过程填入调度运行日志。

16. 计划操作应尽量避免在哪些情况下进行？

【知识点、考核点】计划操作的进行。

【答案】

（1）交接班时。

（2）雷雨、大风等恶劣天气时。

（3）电网发生异常及事故时。

（4）通信、自动化及监控系统发生异常时。

（5）电网高峰负荷时段。

17. 小接地电流系统中，为什么单相接地保护在多数情况下只是用来发信号，不动作于跳闸？

【知识点、考核点】单相接地保护。

【答案】

（1）小接地电流系统中，一相接地时并不破坏系统电压的对称性，通过故障点的电流仅为系统的电容电流，或者经过消弧线圈补偿后的残流，其数值很小，对电网运行及用户的工作影响较小。

（2）为了防止在发生一点接地时形成短路故障，一般要求保护装置及时发出预告信号，以便值班人员酌情处理。

18. 事故预想应包含哪些内容？

【知识点、考核点】事故预想的内容。

【答案】

（1）预想内容：简述预想发生的事故。

（2）事故前运行方式：事故发生时的电网及相关厂站运行情况。

（3）故障设置：事故的故障类型、保护动作及开关跳闸情况。

（4）潮流计算情况：事故发生后相关厂站设备的运行状况。

（5）事故处理步骤：事故处理思路及步骤，关键环节以及事故后必要的稳定断面控制要点。

19. 线路故障跳闸在哪几种情况下不宜强送？

【知识点、考核点】线路故障跳闸处理。

【答案】

（1）全电缆线路。

（2）检修后的线路恢复送电时跳闸，在未查明原因前一般不得强送。

（3）线路有带电作业。

（4）已发现明显故障象征。

（5）投入 FA 功能的线路跳闸，已判定为故障区间。

20．开关站全停时，配电网调控员应如何处理？

【知识点、考核点】线路故障跳闸处理。

【答案】

开关站全停时，调控员应采取以下措施尽快恢复供电：

（1）查明是上级系统原因还是本站设备故障引起的停电，若是本站设备故障，则加以隔离。

（2）短时能恢复供电的，则调整方式等待来电或处理后送电。

（3）较长时间内无法恢复供电的，则考虑负荷转移，优先转供所用电及重要线路，线路转供时要避免对侧主变压器及线路超限，同时要注意保护及自动装置的匹配。

21．配电网调控管理的任务是什么？

【知识点、考核点】配电网调控管理的任务。

【答案】

配电网调控管理的任务是组织、指挥、指导、协调配电网的运行、监控、操作和事故处理，保证实现下列基本要求：

（1）按照电力系统的客观规律和有关规定，保证配电网安全、稳定、可靠、经济运行。

（2）调整电能质量指标使其符合国家规定的标准。

（3）遵循资源优化配置原则，充分发挥配电网内设备供电能力，最大限度地满足社会和人民生活用电需要。

（4）按照"公开、公平、公正"的原则，依据有关合同或协议，维护发电、供电、用电等各方的合法权益。

22．电力安全事故调查应坚持的原则是什么？调查事故原因时要坚持的"四不放过"具体是指哪些内容？

【知识点、考核点】电力安全事故调查应坚持的原则。

【答案】

（1）安全事故调查应坚持实事求是、尊重科学的原则，及时、准确地查清事故经过、原因和损失，查明事故性质，认定事故责任，总结事故教训，提出整改措施，并对事故责任者提出处理意见。

（2）事故原因调查时要坚持的"四不放过"的具体内容是指：做到事故原因未查清不放过、责任人员未处理不放过、整改措施未落实不放过、有关人员未受到教育不放过。

23．配电网检修计划制定原则是什么？

【知识点、考核点】配电网检修计划制定原则。

【答案】

（1）配电网检修计划一经全网平衡后，原则上不再变动。当电网运行状况发生变化导致电网受到安全约束时，配调应对相关配电网设备的检修计划进行必要的调整，并及时通知相关单位。改期安排的检修工作，由相应单位提出申请。

（2）配电网设备的年度检修计划是检修工作的基础，配电网设备的月度检修计划应严格按照年度电气设备的检修项目进行编制，检修时间可根据电网实际情况及工程进度等进行调整，原则上不再增加年度计划以外的检修。配电网设备的周检修计划应严格按照对用户不停电原则进行上报编制，提高配网带电作业率指标。配电网设备的检修计划内容包括设备名称、检修工期、检修内容、检修要求、检修范围、停电范围等。

（3）已有计划的检修工作应按照相关规定，在履行相应的申请、审批手续后，根据配调当值调控员的指令，在批复的时间内完成。

24. 配电网检修计划的变更和取消有哪些规定？

【知识点、考核点】配电网检修计划的变更和取消的规定。

【答案】

（1）配电设备检修计划发布后，在设备检修前已明确无法按计划执行的检修工作，计划申报单位应在检修工作开始时间前完成计划变更和取消的书面审批手续，提交配调，并由配调审核后上报地调，未提交书面申请的，配调不予受理。

（2）配调原则上不受理配电设备检修计划的时间变更，调整时间的工作直接取消，重新申报。

（3）因重大事件或大型工程影响，确需调整检修计划的，提交配调，并由配调审核后上报地调，由地调组织相关部门人员召开平衡会确定。调整后的检修计划，经主管生产领导批准后予以发布。

25. 什么是分布式电源并网点、电源的接入点、电源的公共连接点？

【知识点、考核点】分布式电源并网点、电源的接入点、电源的公共连接点的定义。

【答案】

（1）分布式电源的并网点：对于有升压站的分布式电源，并网点为分布式电源升压站高压侧母线或节点；对于无升压站的分布式电源，并网点为分布式电源的输出汇总点。

（2）分布式电源的接入点：指电源接入电网的连接处，该电网既可能是公共电网，也可能是用户电网。

（3）分布式电源的公共连接点：指用户系统（发电或用电）接入公用电网的连接处。

26. 当有关领导发布配电网调控业务相关指示时，应注意有哪些具体要求？

【知识点、考核点】配电网调控业务相关指示发布的具体要求。

【答案】

各级调控机构的值班调控员在值班期间是电网运行、操作及事故处理的指挥人员，按照调度管辖范围行使调度权，对调度管辖范围内的运行值班人员发布调度指令，值班调控员在发令操作时，任何单位和个人不得非法干预。

上级领导发布的一切有关调控业务的指示，应通过配电网调控中心领导转达给值班调控员。各发、供电单位领导人向其运行人员发布的指令或指示，如涉及值班调控员的权限时，必须经值班调控员许可后才能执行，但在现场事故处理规程内已有规定者除外。

27. 简要描述小接地电流系统接地处理流程。

【知识点、考核点】小接地电流系统接地处理流程。

【答案】

（1）电网发生接地信号，地调根据选线顺序确定接地线路后通知配调，重要及高危用户需配调与运维单位联系确认后方可选线。

（2）若为间歇性接地，断开接地线路开关后不再送电。

（3）配调根据选线结果，通知运维单位查线，运维单位根据查线结果判定是否需要停电处理；如需要停电处理，运维单位向配调申请线路停电处理。

（4）线路具备送电条件后，配调下令恢复送电，并将处置过程填入调度运行日志。

28. 合环和解环操作有何基本要求？

【知识点、考核点】合环和解环操作的基本要求。

【答案】

合环操作时，必须保证合环点两侧相位相同，操作前应考虑合环点两侧的相角差和电压差，无电压相角差，电压差一般允许在 20% 以内，确保合环后各环节潮流的变化不超过继电保护、电网稳定和设备容量等方面的限额。对于比较复杂环网的合环操作应事先进行计算或试验。

解环操作，应先检查解环点的有功、无功潮流，确保解环后电网各部分电压在规定的范围内，各环节的潮流变化不超过继电保护、电网稳定和设备容量等方面的限额。

29. 电网设备异动后，调度如何进行复核？

【知识点、考核点】配电网设备异动后调度复核。

【答案】

（1）核对涉及资料及图纸，复核调度异动后接线图是否正确，设备参数是否正确。

（2）核对新设备投运报告，复核调度异动后新设备是否已投运。

（3）核对旧设备退役申请，复核调度异动后旧设备是否已退运。

（4）核对设备命名文件，复核调度异动后设备命名是否正确。

30. 遥控操作中发生监控系统异常或遥控失灵时应如何处理？

【知识点、考核点】遥控操作中发生监控系统异常或遥控失灵的处理。

【答案】

配电网调控员在遥控操作中监控系统发生异常或遥控失灵时应停止操作，通知运维人员至现场检查，涉及配电自动化系统的缺陷由调控员及时通知自动化值班人员协调处理，对遥控失灵的情况，配电网调控员在确认现场设备无异常后可下令现场运维人员就地操作。

31. 简述负荷转供方案执行前需要进行再次校验内容。

【知识点、考核点】配电主站基本知识。

【答案】

（1）供电能力的正确性校验。

（2）运行方式正确性校验。

（3）供电线路安全性校验。

（4）图模异动校验。

32. 两条线路成环，线路间联络开关状态为合闸，拓扑着色显示为合环色，将联络开关分闸后，联络开关对侧设备拓扑着色颜色未变化，可能的原因包括哪些（至少两种）？

【知识点、考核点】配电主站基本知识。

【答案】

（1）联络开关对侧线路与其他线路存在合环。

（2）两条线路间仍有其他联络开关未分闸。

（3）两条线路中有设备拓扑信息跨越了联络开关，图形拓扑存在异常。

（4）系统拓扑着色复用，对侧拓扑着色使用了与合环色相同颜色。

33. 主站联调结束后有哪些注意事项？

【知识点、考核点】配电终端基本知识。

【答案】

（1）主站端参照《主站接入调试记录单》对接入调试情况进行记录。

（2）查看终端主电源是否恢复。

（3）查看终端遥测电流上送方式是否正确。

（4）确认所有故障信息是否复归，终端是否已经在线。

（5）若有站用变或 TV 框，则需等待送电结束，确认低压电源是否正常。

34. 配电网自动化系统的"$N-1$"准则指的是什么？

【知识点、考核点】配电自动化运维工的基本知识。

【答案】

$N-1$ 的准则有：高压变电所中失去任一回路进线或一组降压变压器时，必须保证向下一级配电网供电；高压配电网中已调线路故障停运时：除故障段外不能停电，并不得发生电压过低和设备不允许的过负荷；低压电网中当一台变压器或电网发生故障时，允许部分停电，但应尽量将完好的区段在规定时间内切换至临近电网恢复供电。

35. 配电自动化系统中分布式电源接入与控制应满足哪些要求？

【知识点、考核点】配电自动化运维工的基本知识。

【答案】

（1）满足分布式电源/储能/微网接入带来的多电源、双向潮流分布情况下对配电网的运行监视和对多电源的接入、退出等控制和管理功能。（2.5 分）

（2）实现分布式电源/储能/微网接入系统的配电网安全保护、独立运行以及多电源运行机制分析等功能。（2.5 分）

36. 什么叫双电源切换？

【知识点、考核点】配电终端基本知识。

【答案】

为提高配电终端电源的可靠性，在能够提供双路交流电源的场合（如在柱上开关安装两侧电压互感器、环网柜两条进线均配置电压互感器、站所两段母线配置电压互感器等情况下）需要对双路交流电源自动切换。正常工作时，一路电源作为主供电源供电，另一路作为备用电源；当主供电源失电时，自动切换到备用电源供电。

37. 遥控执行失败的处理方法？

【知识点、考核点】配电主站基本知识。

【答案】

（1）遥控执行继电器无输出。如终端就地控制继电器无输出，则可判断为遥控板件故障。可关闭装置电源，更换遥控板件。

（2）遥控执行继电器动作但端子排无输出。检查遥控回路接线是否正确，其中遥控公共端至端子排中间串入一个硬件接电遥控出口压板，除检查接线是否通畅外，还需要检查对应压板是否合上。

（3）遥控端子排有输出但开关电动操作机构未动作，检查开关电动操作机构。

38. 调度自动化主站系统遥测封锁和遥测置数有什么区别？

【知识点、考核点】配电主站基本知识。

【答案】

遥测封锁可以输入封锁值和备注，封锁值置入后实时数据不再刷新该值，解除封锁后才可继续刷新；

遥测置数可以将当前设备的遥测值设为输入值，当有变化数据或全数据上送后，置数状态及所置数据即被刷新。

39. 潮流计算的目的是什么？

【知识点、考核点】配电自动化运维工的基本知识。

【答案】

潮流计算有以下几个目的：

（1）在电网规划阶段，通过潮流计算，合理规划电源容量及接入点，合理规划网架，选择无功补偿方案，满足规划水平年的大、小方式下潮流交换控制、调峰、调相、调压的要求。

（2）在编制年运行方式时，在预计负荷增长及新设备投运基础上，选择典型方式进行潮流计算，发现电网中薄弱环节，供调度员日常调度控制参考，并对规划、基建部门提出改进网架结构，加快基建进度的建议。

（3）正常检修及特殊运行方式下的潮流计算，用于日运行方式的编制，指导发电厂开机方式，有功、无功调整方案及负荷调整方案，满足线路、变压器热稳定要求及电压质量要求。

（4）预想事故、设备退出运行对静态安全的影响分析及作出预想的运行方式调整方案。

40. 什么是电网运行的 $N-1$ 原则？用途有哪些？

【知识点、考核点】电网运行 $N-1$ 原则。

【答案】

（1）电网运行的 $N-1$ 原则是正常运行方式下，电力系统中任一元件（如线路、变压器、发电机）无故障或因故障断开，电力系统应能保持稳定运行和正常供电，其他元件不过负荷，电压和频率均在允许范围内。

（2）$N-1$ 原则用于电力系统单一元件无故障断开的静态安全分析，或单一元件故障断开后断开的电力系统稳定性分析。

（3）当发电厂仅有一回线路时，送出线路故障可能导致失去一台以上发电机组，此种情况也按 $N-1$ 原则考虑。

41. 为什么要核相？哪些情况下要核相？

【知识点、考核点】核相的目的。

【答案】

（1）若相位或相序不同的交流电源并列或合环，将产生很大的电流，巨大的电流会造成发动机或电气设备的损坏，因此需要核相；为了正确的并列，不但要一次相序和相位正确，还要求二次相位和相序正确，否则也会发生非同期并列。

（2）对于新投产的线路或更改后的线路，必须进行相位、相序核对，与并列有关的二次回路检修时改动过，也必须核对相位、相序。

42. 配电网调度计划执行情况的指标主要有哪些？

【知识点、考核点】计划执行。

【答案】

配电网调度计划执行情况指标主要包括：年度重复停电率、月度调度计划执行率、月度临时计划率、日计划检修申请按时完成率。

43. 配电网停电检修计划编制应统筹考虑哪些内容？

【知识点、考核点】检修计划。

【答案】

配电网停电检修计划编制应统筹考虑配电网中低压工程、检修、市政改迁、营销系统及客户侧工作，协调好输变配电设备以及二次设备之间的停电工作，最大限度减少重复停电。

低电压等级设备停电、启动计划服从高电压等级设备停电、启动计划；下级调度管辖设备停电、启动计划服从上级调度管辖设备停电、启动计划。

44. 电网线路故障后，配网调控员通知巡线时有哪些规定？

【知识点、考核点】配电线路故障处理。

【答案】

（1）配网调控员应将故障跳闸时间、继电保护动作情况告诉巡线单位，并尽可能根据故障录波器的测量数据提供故障范围，以供巡线单位参考。负责巡线抢修的单位，应将用户反映的事故现象及巡线处理情况及时报告值班调控员。

（2）配网调控员发布巡线指令时应说明线路状态，如线路是否带电、是否已经做好停电检修的安全措施、是否可以不经联系立即开始工作。

45. 线路发现缺陷后需带电消缺时调度员应注意哪些事项？

【知识点、考核点】带电消缺。

【答案】

（1）注意天气条件是否允许进行带电作业。

（2）有线路重合闸的线路带电作业时应退出重合闸。

（3）带电作业的线路发生跳闸事故后，不得强送电，应和作业人员取得联系后根据情况决定是否强送电，必要时降低线路潮流。

（4）应待工作人员到达工作现场后再停用线路重合闸，以缩短线路重合闸停用时间。

46. 配电网日运行方式内容有哪些？

【知识点、考核点】配电网日运行方式内容。

【答案】

（1）已批准的基建、大修、技改项目的方式安排。

（2）已批准的配电网临检项目的方式安排。

（3）配电网月度、周检修计划变更后的方式安排。

（4）节、假日和重要保电时期的配电网方式安排。

（5）新设备投产安排。

47. 发布和接受调度操作指令时有何要求？

【知识点、考核点】发布和接受调度操作指令的要求。

【答案】

在发布和接受调度操作指令前，双方必须互报单位及姓名，严格执行发令、复诵、监护、录音、汇报和记录制度，并使用普通话、规范的调度术语和设备双重名称，发令和受令双方应明确发令时间和完成时间以表示操作的始终。没有发令时间，接令方不得进行操作；没有完成时间，发令方不得进行后项的有关操作。

48. 配电网年度运行方式编制原则是什么？

【知识点、考核点】配电网年度运行方式编制原则。

【答案】

配电网年度运行方式编制应以保障电网安全、优质、经济运行为前提，充分考虑电网、客户、电源等多方因素，以方式计算校核结果为数据基础，对配电网上一年度运行情况进行总结，对下一年度配电网运行方式进行分析并提出措施和建议，从而保证配电网年度运行方式的科学性、合理性和前瞻性。

五、论述题

1. 运行设备停电检修业务中停电检修设备开、竣工工作流程是什么？

【知识点、考核点】分布式电源并网调度服务手册示范文本，运行设备停电检修业务办理工作流程。

【答案】

调度台当值值班员按照申请单批准停电时间与现场进行停电操作，并向相关用监人员发布开工许可令，设备转入检修。

设备检修完毕，由相关用监人员向当值调度报竣工后当值调度发布指令或许可进行复役操作。

上级调控机构调度管辖的设备检修，由设备主管单位经本级调度向上级调控机构办理申请手续。设备停役操作由上级调控机构调度运行值班人员负责，开工许可令由上级调控机构调度运行值班人员经本级调度运行值班人员向设备运行维护单位发布。设备检修完毕后，设备运行维护单位向本级调度汇报竣工，本级调度运行值班人员负责向上级调控机构调度运行值班人员转达竣工报告，上级调控机构调度运行值班人员负责设备复役。

2. 某开关站 10kV 母线电压如下所示，请分析为哪种异常电压情况以及如何处理？

（1）$U_a = 0.85kV$，$U_b = 9.65kV$，$U_c = 10.22kV$，$3U_0 = 98.2V$

（2）$U_a = 0.00kV$，$U_b = 5.98kV$，$U_c = 6.03kV$，$3U_0 = 18V$

【知识点、考核点】配电网异常电压及处理。

【答案】

第一种情况为 A 相金属性接地。

处理方法：

（1）某开关站某线路 A 相金属性接地。

（2）配调通知线路运维单位尽快巡线，接地时间不超过 2h，找出故障点后，隔离故障后方可送电，或将线路转检修处理线路故障。

第二种情况为 TV 高压保险熔断。

处理方法：

（1）配调通知运维人员去现场检查实际设备及电压情况。

（2）配调根据运维人员现场检查情况，如确实是 TV 高压保险熔断，应及时将 TV 转检修进行处理。

3. 配电网新设备投运前必须具备哪些条件，否则配调有权拒绝设备加入配电网运行，并向地调汇报？

【知识点、考核点】配电网新设备投运前必须具备的条件。

【答案】

（1）设备验收工作已结束，现场改接、投运过程中与配调下发的设备命名通知一致，质量符合安全运行要求，有关运行单位向配调已提出配电网新设备投运申请并经批准。

（2）所需资料已齐全，并报送配调。

（3）继电保护和安全自动装置已按给定的定值整定，具备投运条件，所需的其他安全措施已落实。

（4）调度通信、自动化设备安装调试完毕，具备将所需信息传至配电自动化系统的条件。

（5）完成配电网电子图正确导入配电自动化系统。

（6）配电网运维单位已与配调进行设备"遥信、遥测、遥控"信息核对。

（7）设备具备启动带电条件。

（8）投产设备已调试合格，现场设备命名、编号标志齐全。

4. 潮流计算的目的是什么？

【知识点、考核点】配电自动化运维工的基本知识。

【答案】

潮流计算有以下几个目的：

（1）在电网规划阶段，通过潮流计算，合理规划电源容量及接入点，合理规划网架，选择无功补偿方案，满足规划水平年的大、小方式下潮流交换控制、调峰、调相、调压的要求。

（2）在编制年运行方式时，在预计负荷增长及新设备投运基础上，选择典型方式进行潮流计算，发现电网中薄弱环节，供调度员日常调度控制参考，并对规划、基建部门提出改进网架结构，加快基建进度的建议。

（3）正常检修及特殊运行方式下的潮流计算，用于日运行方式的编制，指导发电厂开机方式，有功、无功调整方案及负荷调整方案，满足线路、变压器热稳定要求及电压质量要求。

（4）预想事故、设备退出运行对静态安全的影响分析及作出预想的运行方式调整方案。

5. 短路电压不同两台变压器并列后，有何后果？

某变电站，有两台同型号的 SC1000/6 型变压器，其技术参数为：1000kVA，6/0.4kV，96/1443A，1号变压器 $U_{k1}=6\%$，2号变压器 $U_{k2}=4.5\%$，$\Delta U_z=25\%$，Yyn0。

【知识点、考核点】主变并列运行相关要求。

【答案】

当并列运行的变压器短路电压相等时，各台变压器的功率分配是按变压器的容量比例分配。

当并列运行的变压器短路电压不相等时，各台变压器的复功率分配是按变压器的短路电压成反比例分配的，短路电压小的变压器容易过负荷，变压器的容量不能合理利用。

因此当1号变压器带额定负荷时，2号变压过载33%。即：

$$\beta_1 = (U_{k1} - U_{k2})/U_{k1} = (6\% - 4.5\%)/6\% = 25\%$$

当2号变压器带额定负荷时，1号变压欠载25%。即：

$$\beta_2 = (U_{k1} - U_{k2})/U_{k2} = (6\% - 4.5\%)/4.5\% = 33\%$$

6. 配网新设备投运前必须具备哪些条件，否则配调有权拒绝设备加入配网运行，并向地调汇报？

【知识点、考核点】配网新设备投运。

【答案】

（1）设备验收工作已结束，现场改接、投运过程中与配调下发的设备命名通知一致，质量符合安全运行要求，有关运行单位向配调已提出配网新设备投运申请并经批准。

（2）所需资料已齐全，并报送配调。

（3）继电保护和安全自动装置已按给定的定值整定，具备投运条件，所需的其他安全措施已落实。

（4）调度通信、自动化设备安装调试完毕，具备将所需信息传至配电自动化系统的条件。

（5）完成配网电子图正确导入配电自动化系统。

（6）配网运维单位已与配调进行设备"遥信、遥测、遥控"信息核对。

（7）设备具备启动带电条件。

（8）投产设备已调试合格，现场设备命名、编号标志齐全。

7. 如配电网调度联系对象认为调度指令不正确，应如何处置？

【知识点、考核点】调控交接班。

【答案】

（1）如果配电网调度联系对象接令人认为所接受的调度指令不正确时，应立即向发布该调度指令的值班调控员报告并说明理由，由发令的值班调控员决定该调度指令的执行或者撤销。

（2）如果发令值班调控员重复该调度指令时，接令值班人员必须执行。

（3）如对值班调控员的指令不理解或有疑问时，必须询问清楚后再执行。

（4）若执行该调度指令将危及人身、电网或设备安全时，接令人应当拒绝执行，同时将拒绝执行的理由及改正指令内容的建议报告发令的值班调控员和本单位直接领导。

（5）如有无故拖延、拒绝执行调度指令，破坏调度纪律，有意虚报或隐瞒情况的现象发生，将追究相关人员责任，严肃处理。

8. 配电网新设备启动安排有哪些要求？

【知识点、考核点】配电网新设备启动安排的要求。

【答案】（以下答案答对 5 条即得满分）

（1）配电网设备新（改、扩）建工程投产前，应由运维单位提前向调控机构报送投产资料，资料应包括设备的相关参数、设备异动的电气连接关系等内容。

（2）业扩报装工程投产前，应由营销部门提前向调控机构报送投产资料，资料应包括设备的相关参数、设备异动的电气连接关系等内容。

（3）为处置配电网设备危急缺陷，更换相关设备的工作，运检部门应在设备投产后 2 日内向调控机构补报投产资料，完善相关流程。

（4）调控机构应综合考虑系统运行可靠性、故障影响范围、继电保护配合等因素，开展启动方案编制工作。

（5）调控机构依据投产资料编写启动方案，启动方案应包括启动范围、定（核）相、启动条件、预定启动时间、启动步骤、继电保护要求等内容。

（6）运检部门和营销部门应分别负责组织供电企业所属设备和客户资产设备验收调试和启动方案的准备工作，确保启动方案顺利执行。

（7）新设备启动过程中，如需对启动方案进行变更，必须经调控机构同意，现场和其他部门不得擅自变更。

9. 配电网新设备投入运行前，配电网调控中心应做好什么工作？

【知识点、考核点】配电网新设备投入运行。

【答案】

在新设备投入运行前，调控机构应做好以下工作：

（1）修改相关自动化系统画面及有关图表。

（2）修改调度接线图。

（3）修改继电保护及安全自动装置定值配置。

（4）健全设备资料档案。

（5）修改有关调控运行规定或说明。

（6）有关人员应熟悉现场设备及规程、图纸资料、运行方式，并做好事故预想。

（7）其他与新设备投运有关的内容。

10. 配电网设备带电作业调控管理有哪些要求？

【知识点、考核点】配电网设备带电作业调控管理。

【答案】

（1）凡属调控机构管辖和许可的设备带电作业，均需列入计划管理。带电作业只允许进行已申请的作业项目，不得自行增加或改变项目。

（2）带电作业应在良好天气情况、正常运行方式或作必要的运行方式调整后进行，在系统运行方式比较薄弱的情况下、重要保供电及节日运行方式下，不宜进行带电作业。

（3）带电作业工作负责人在带电作业工作开始前，应与值班调控员联系。需要停用重合闸的，应向值班调控员履行许可手续。带电作业结束后应及时向值班调控员汇报。带电作业过程中如设备突然停电，作业人员应视设备仍然带电。工作负责人应尽快与值班调控员联系，值班调控员未与停送电联系人取得联系前不得强送电。

11. 分布式光伏电源接入配电网对 10kV 馈线保护以及馈线重合闸有哪些影响？

【知识点、考核点】分布式光伏电源接入配电网对 10kV 馈线保护以及馈线重合闸的影响。

【答案】

（1）对 10kV 馈线保护的影响：当光伏电源接入位置或接入容量不同时，对配电网保护的影响程度不同。如果光伏电源的容量相对配电网容量来说很大时，它提供的短路电流足以使某些保护拒动或误动，不能满足继电保护的灵敏性、选择性要求。

（2）对馈线重合闸有以下影响：

重合不成功。故障跳闸失去电网电源后，由于光伏电源可能继续向故障点提供电流，妨碍了故障点电弧的熄灭，使原本瞬时性故障转变为永久性故障，导致重合闸不成功。此外电弧的长期存在还会损坏设备，给维护带来很大的困难。

非同期重合闸。由光伏电源单独供电的电力孤岛与电网不能保持同步，出现很大的相位差，此时进行非同期重合闸会产生很大的冲击电流，冲击电流对电网和光伏电源系统设备均带来致命的冲击。

12. 接有分布式光伏电源的 10kV 配电线路保护的配置原则有哪些？

【知识点、考核点】接有分布式光伏电源的 10kV 配电线路保护的配置原则。

【答案】

接有分布式光伏电源的 10kV 线路发生短路故障时，线路保护能快速动作，瞬时跳开断路器，满足全线故障时快速可靠切除故障的要求。10kV 线路在系统侧配置一套线路方向过电流保护或距离保护，光伏电站侧可不配线路保护，靠系统侧切除线路故障。

对两台及以上升压变压器的升压变电站或汇集站，10kV 线路可配置一套纵联电流差动保护，采用方向过电流保护作为其后备保护。

13. 配电网调控员倒闸操作时有哪些基本要求？

【知识点、考核点】配电网调控员倒闸操作的基本要求。

【答案】

（1）在倒闸操作前，调控员应充分考虑对电网运行方式、潮流、频率、电压、电网稳定、继电保护和安全自动装置、电网中性点接地方式、雷季运行方式、通信等方面的影响。

（2）调控员在操作前后均应核对调度自动化系统接线图，应保持调度自动化系统接线图与现场情况相符合。

（3）倒闸操作必须严格遵守规章制度，认真执行操作监护制，正确实现电气设备运行状态的改变和转换。

（4）为了保证倒闸操作的正确性，调控员对一切正常操作应先拟写指令票（事故处理时允许不填操作票，但需监护、发令、复诵、录音并做好记录）。

（5）条件允许时，一切重要供电区域的倒闸操作尽可能安排在负荷低谷时进行，以减少对电网和用户用电的影响。

14. 哪些情况下线路应停用重合闸？

【知识点、考核点】线路停用重合闸。

【答案】

（1）空充电线路。

（2）试运行线路。

（3）有带电作业申请停运重合闸的线路。

（4）合环或设备故障等原因而需退出者。

（5）有严重缺陷的线路。

（6）有带电跨越作业的线路。

（7）全电缆线路。

15. 配电网哪些工作需要办理新设备异动手续？

【知识点、考核点】配电网新设备异动手续。

【答案】

（1）10kV 线路名称、设备参数、线路杆号发生变化。

（2）新建工程竣工接入配电网运行或引起配电网电气接线的变化。

（3）改建（包括增容）、检修工程涉及配电网电气接线和运行方式的改变。

（4）10kV 电力线路改道、T 接，增减电杆，更换导线（架空线路改成电缆线路）或更改导线（包括电缆）截面积和型号，装拆断路器、隔离开关，交叉跨越等变化。

（5）继电保护与自动装置定值和接线发生变化。

16. 分布式电源并网调度管理有哪些要求？

【知识点、考核点】分布式电源并网调度管理。

【答案】

（1）调控机构应参与审查分布式电源接入系统方案，重点检查短路电流、无功平衡、一次接线方式、主要设备选型、涉网继电保护及安全自动装置配置、调度自动化与安全防护等内容。

（2）凡要求并入配电网运行的分布式电源项目，不论其投资主体或产权归属，均应签订并网调度协议，满足并网运行条件后方可并网。

（3）新建分布式电源项目应在并网前向调控机构提供书面资料和有关电子文档并提出次设备命名编号建议。

（4）调控机构应在分布式电源启动并网前 10 个工作日确定调度名称，下达调度管辖范围和设备命名编号。

（5）分布式电源项目关口电能计量装置安装、合同与协议签订后，调控机构负责组织相关部门，开展项目并网验收工作，出具并网验收意见。配合业主开展项目并网调试，双方确认项目满足要求后，项目转入并网发电运行。

17. 值班调控员接到上级调度电网故障拉电指令时应如何处置？

【知识点、考核点】调控操作。

【答案】

当值班调控员接到上级调度电网故障拉电指令时，应根据不同情况做以下处理：

（1）因电网电源性缺电或发电机组停机引起系统出力紧张，造成电网低频运行时，值班调控员应先按事故限电序位表进行直接拉闸限电，执行完后仍不满足要求，可动用超供电能力限电序位表再进行紧急拉闸限电。

（2）因上级电网联路线跳闸或发电机组停机，引起县级电网局部地区 10（20）、35kV 电压低于最低允许电压时，值班调控员应针对低电压运行的区域，按事故限电序位表直接进行拉闸限电，使其设备不过载或电压恢复到正常值，执行完后仍不满足要求，可动用超供电能力限电序位表再进行紧急拉限电。

18. 当配电网发生故障或设备危急缺陷需立即停电检修时应如何处理？

【知识点、考核点】配电网发生故障或设备危急缺陷停电检修的处理。

【答案】

当发生故障或设备危急缺陷需立即停电时应按以下流程执行：

（1）当配电网设备发生故障或危急缺陷需立即停役检修时可以不用书面申请，但运维人员应向调控员电话申请，说明停役的设备及范围、要求、时间及工作负责人等，做好相关安全措施，并办理工作许可手续。以上内容调控员应做好记录，双方对工作范围和安全措施有疑问时，应沟通协调一致，但原则上以现场需求为准。

（2）若涉及用户停电，则调控员应在故障发生后或消缺停电之前第一时间告知服务指挥人员，在恢复送电后也要及时告知，以减少咨询投诉工单。

（3）故障处理可以不用调度指令票，但在复役前应拟定调度指令票，尤其是较为重要复杂或时间跨度较长（超过 24h）的故障处理。

19. 小接地电流系统发生单相接地故障时，寻找单相接地的顺序如何？

【知识点、考核点】小接地电流系统发生单相接地故障时寻找单相接地的顺序。

【答案】

（1）对于配有完好接地选线装置的变电站，可根据其装置反应情况来确定接地点。

（2）将电网分割为电气上互不相连的几部分。

（3）停空载线路和电容器组。

（4）试拉线路长、分支多、负荷轻、历史事故多且不重要的线路。

（5）试拉分支少、负荷重的线路，最后停重要用户线路，但首先要通知该用户。在紧急情况下，重要用户来不及通知，可先试拉线路，事后通知服务指挥班。

（6）对于双母线的变电站，重要用户的线路不能停电时，可采用倒母线的方法来寻找。

（7）详细检查接地母线及有关设备。

20. 电断路器在什么情况下闭锁重合闸？

【知识点、考核点】配电断路器。

【答案】

（1）停用重合闸方式时，直接闭锁重合闸。

（2）手动跳闸时，直接闭锁重合闸。

（3）不经重合闸的保护跳闸时，闭锁重合闸。

（4）断路器气压或液压降低到不允许重合闸时，闭锁重合闸。

21. 母线电压互感器运行异常随时可能发展成故障时应如何处理？

【知识点、考核点】母线电压互感器运行异常的处理。

【答案】

母线电压互感器发生异常情况随时可能发展成故障时应按以下原则处理：

（1）不得用近控方法操作异常运行的电压互感器的高压侧隔离开关。

（2）不得将异常运行电压互感器的次级回路与正常运行电压互感器次级回路并列。

（3）异常运行的电压互感器高压侧隔离开关可以远控操作时，可用高压侧隔离开关进行隔离。

（4）无法采用高压侧隔离开关进行隔离时，可用开关切断该电压互感器所在母线的电源，然后隔离故障电压互感器。

22. 对于中性点不接地的 10kV 配电网发生单相接地，故障馈线和非故障馈线有哪些特征差异？

【知识点、考核点】中性点不接地的 10kV 配电网发生单相接地，故障馈线和非故障馈线的特征差异。

【答案】

（1）非故障线路零序电流的大小等于本线路的接地电容电流；故障线路零序电流的大小等于所有非故障线路的零序电流之和，也就是所有非故障线路的接地电容电流之和。

（2）非故障线路的零序电流超前零序电压 90°，故障线路的零序电流滞后零序电压 90°；故障线路的零序电流与非故障的零序电流相位差 180°。

（3）接地故障处的电流大小等于所有线路（包括故障线路和非故障线路）的接地电容电流的总和，并且超前零序电压 90°。

23. 对线路强送电时应该考虑哪些因素？

【知识点、考核点】线路强送电时应该考虑的因素。

【答案】

强送考虑因素如下：

（1）首先要考虑可能有永久性故障存在而稳定。

（2）正确选择线路强送端，一般应远离稳定的线路、厂站、母线，必要时可改变接线方式后再强送电，要考虑对电网稳定的影响等因素。

（3）强送端母线上必须有中性点直接接地的变压器。

（4）强送时要注意对邻近线路暂态稳定的影响，必要时可先降低其输送电力后再进行强送电。

（5）线路跳闸或重合不成功的同时，伴有明显系统振荡时，不应马上强送，需检查并消除振荡后再考虑是否强送电。

24. 大量分布式发电接入后会对配电网哪些方面产生影响？

【知识点、考核点】大量分布式发电接入后会对配电网的影响。

【答案】

（1）对电能质量产生影响，使电压调整的难度增大，同时不同的分布式发电运行方式易发生电压闪变，产生不平衡电压，造成谐波污染等。

（2）对继电保护产生影响，导致继电器的保护区缩小，造成保护误动，可能使重合闸动作不成功。

（3）对配电网的可靠性有影响。

（4）对配电系统实时监视、控制和调度方面有影响。

（5）孤岛运行问题。

25. 什么是孤岛现象？非计划性孤岛现象有什么不利影响？

【知识点、考核点】孤岛现象。

【答案】

（1）孤岛现象是指电网失压时，电源仍保持对失压电网中的某一部分线路继续供电的状态。孤岛现象可分为非计划性孤岛现象和计划性孤岛现象。

（2）非计划性孤岛现象发生时，由于系统供电状态未知，将造成以下不利影响：

1）可能危及电网线路维护人员和用户的生命安全。

2）干扰电网的正常合闸。

3）电网不能控制孤岛中的电压和频率，从而损坏配电设备和用户设备。

配电二次篇

一、单选题

1. 配电自动化系统主站系统性能指标冗余性热备切换时间（　　）s。

A. ≤20　　　　　B. >20　　　　　C. <20　　　　　D. ≥20

【知识点、考核点】配电自动化系统主站功能规范（试行）。

【答案】A

2. 配电自动化系统主站系统性能指标冗余性冷备切换时间（　　）min。

A. ≤10　　　　　B. ≥10　　　　　C. <10　　　　　D. >10

【知识点、考核点】配电自动化系统主站功能规范（试行）。

【答案】A

3. 配电自动化系统主站系统单节点 CPU 平均负载率（任意 5min 内）≤（　　）%。

A. 30　　　　　B. 40　　　　　C. 50　　　　　D. 60

【知识点、考核点】配电自动化系统主站功能规范（试行）。

【答案】B

4. 配电自动化系统主站系统可接入工作站数≥（　　）；前置分组数≥（　　）。

A. 60；5　　　　　B. 50；6　　　　　C. 60；6　　　　　D. 50；5

【知识点、考核点】配电自动化系统主站功能规范（试行）。

【答案】C

5. 配电自动化系统主站生产控制大区功能实时数据变化主站更新时延（本区）（　　）s。

A. ≤3　　　　　B. ≤4　　　　　C. ≤5　　　　　D. ≤6

【知识点、考核点】配电自动化系统主站功能规范（试行）。

【答案】A

6. 配电自动化系统主站生产控制大区功能实时数据变化主站更新时延（跨区）（　　）s。

A. ≤3　　　　　B. ≤4　　　　　C. ≤5　　　　　D. ≤6

【知识点、考核点】配电自动化系统主站功能规范（试行）。

【答案】C

7. 配电自动化系统主站生产控制大区功能主站遥控输出时延（　　）s。

A. ≤3　　　　　B. ≤4　　　　　C. ≤5　　　　　D. ≤6

【知识点、考核点】配电自动化系统主站功能规范（试行）。

【答案】A

8. 配电自动化系统主站生产控制大区功能历史数据保存周期（　　）个月。

A. ≥12　　　　　B. ≥6　　　　　C. ≥3　　　　　D. ≥1

【知识点、考核点】配电自动化系统主站功能规范（试行）。

【答案】D

9. 配电自动化系统主站功能规范规定了配电自动化系统主站总体要求、（　　）、系统功能、安全防护要求、信息交互和主要技术指标。

A. 网络架构　　　B. 系统架构　　　C. 组织架构　　　D. 程序架构

【知识点、考核点】配电自动化系统主站功能规范（试行）。

【答案】B

10. 带时标的实时数据处理，在全系统能够统一对时及（　　）支持的前提下，可以利用数采装置的时标而非主站时标来标识每一个变化的遥测和遥信，更加准确地反映现场的实际变化。

A. 规定　　　　　B. 规约　　　　　C. 规章　　　　　D. 条例

【知识点、考核点】配电自动化系统主站功能规范（试行）。

【答案】B

11. 信息交换总线的流程服务应提供（　　）。

A. 诊断工具　　　B. 修复工具　　　C. 查询工具　　　D. 测试工具

【知识点、考核点】配电自动化系统主站功能规范（试行）。

【答案】C

12. 系统主站可以支持多种时钟源，应优先采用（　　）对时。

A. GPS　　　　　B. 北斗　　　　　C. IRIG　　　　　D. GPS＋北斗

【知识点、考核点】配电自动化系统主站功能规范（试行）。

【答案】B

13. 馈线故障处理系统并发处理馈线故障个数（　　）个。

A. ≥10　　　　　B. ≥20　　　　　C. ≥25　　　　　D. ≥30

【知识点、考核点】配电自动化系统主站功能规范（试行）。

【答案】B

14. 单个馈线故障处理耗时（　　）s。

A. ≤25　　　　　B. ≤15　　　　　C. ≤10　　　　　D. ≤5

【知识点、考核点】配电自动化系统主站功能规范（试行）。

【答案】D

15. 负荷转供：单次转供策略分析耗时（　　）s。

A. ≤25　　　　　B. ≤15　　　　　C. ≤10　　　　　D. ≤5

【知识点、考核点】配电自动化系统主站功能规范（试行）。

【答案】D

16. 管理信息大区功能可接入终端为每组（　　）前置。

A. 两台　　　　　　B. 三台　　　　　　C. 四台　　　　　　D. 五台

【知识点、考核点】配电自动化系统主站功能规范（试行）。

【答案】A

17. 管理信息大区功能历史数据保存周期为（　　）年。

A. ≥4　　　　　　B. ≥3　　　　　　C. ≥2　　　　　　D. ≥1

【知识点、考核点】配电自动化系统主站功能规范（试行）。

【答案】C

18. 单相接地分析处理时间为（　　）s（不含系统通信时间和数据跨区传输时间）管理信息大区功能。

A. ≤120　　　　　B. ≤100　　　　　C. ≤90　　　　　D. ≤60

【知识点、考核点】配电自动化系统主站功能规范（试行）。

【答案】A

19. 配电自动化终端录波应包括故障发生时刻前不少于（　　）个周波和故障发生时刻后不少于（　　）个周波的波形数据，录波点数为不少于（　　）点/周波，录波数据应包含电压、电流、开关位置等。

A. 4；8；80　　　B. 2；4；80　　　C. 2；8；80　　　D. 8；8；80

【知识点、考核点】 配电自动化系统主站功能规范（试行）。

【答案】A

20. 配电自动化终端状态量试验事件顺序记录（SOE）分辨率不大于（　　）ms。

A. 5　　　　　　　B. 10　　　　　　C. 15　　　　　　D. 20

【知识点、考核点】配电自动化系统主站功能规范（试行）。

【答案】A

21. 遥信防抖试验应采取防误措施，过滤误遥信，防抖时间为（　　）～（　　）ms可设。

A. 10；1000　　　B. 10；100　　　C. 5；100　　　D. 5；1000

【知识点、考核点】配电自动化系统主站功能规范（试行）。

【答案】A

22. 配电自动化终端对时试验守时精度每24h误差应小于（　　）s。

A. 1　　　　　　　B. 2　　　　　　　C. 3　　　　　　　D. 4

【知识点、考核点】配电自动化系统主站功能规范（试行）。

【答案】B

23. 故障指示器上电自动复位时间小于（   ）min。定时复位时间可设定，设定范围小于 48h，最小分辨率为 1min，定时复位时间允许误差不大于 ±1%。

A. 2　　　　　　B. 3　　　　　　C. 4　　　　　　D. 5

【知识点、考核点】配电自动化系统主站功能规范（试行）。

【答案】D

24. 故障指示器采集单元及悬挂安装的汇集单元，应具备无工具拆卸测试接口，接口采用（   ）位 2.54mm 间距插拔式接线端子。

A. 2　　　　　　B. 3　　　　　　C. 4　　　　　　D. 5

【知识点、考核点】配电自动化系统主站功能规范（试行）。

【答案】D

25. 采用基于数字证书的认证技术及基于国产商用密码算法的加密技术，实现配电主站（   ）与配电终端间的双向身份鉴别及业务数据的加密。

A. 三向传输　　B. 双向身份鉴别　　C. 业务数据的分析　　D. 单向身份鉴别

【知识点、考核点】配电自动化系统网络安全防护方案。

【答案】B

26. 当采用（   ）等公共无线网络时，应当启用公网自身提供的安全措施。

A. GPRS/CDMA　　B. IP　　　　　　C. wlan　　　　　　D. TDSCDMA

【知识点、考核点】配电自动化系统网络安全防护方案。

【答案】A

27. 按照配电自动化系统的结构，安全防护分为（   ）个部分。

A. 3　　　　　　B. 5　　　　　　C. 7　　　　　　D. 9

【知识点、考核点】配电自动化系统网络安全防护方案。

【答案】C

28. 无论采用何种通信方式，生产控制大区采集应用部分主机应采用经国家指定部门认证的安全加固的操作系统，采用用户名/强口令、动态口令、物理设备、生物识别、数字证书等（   ）组合方式，实现用户身份认证及账号管理。

A. 2 种　　　　　B. 3 种　　　　　C. 2 种及以上　　　D. 3 种及以上

【知识点、考核点】配电自动化系统网络安全防护方案。

【答案】C

29. 硬件防火墙采取（   ）措施，对应用层数据流进行有效的监视和控制。

A. 操作控制　　　B. 修改控制　　　C. 查询控制　　　D. 访问控制

【知识点、考核点】配电自动化系统网络安全防护方案。

【答案】D

30. 在硬压板闭合状态下，主站通过（ ）发报文启动和停止远程控制命令的处理和执行。

A. 一对双 B. 一对多 C. 一对一 D. 多对一

【知识点、考核点】配电自动化系统网络安全防护方案。

【答案】C

31. 软压板是终端系统内的（ ）控制开关。

A. 物理 B. 逻辑 C. 信号 D. 机械

【知识点、考核点】配电自动化系统网络安全防护方案。

【答案】B

32. 对存量配电终端进行升级改造，可通过在终端外（ ）内嵌安全芯片的配电加密盒，满足二遥配电终端的安全防护强度要求。

A. 先串后并 B. 串接 C. 并接 D. 连接

【知识点、考核点】配电自动化系统网络安全防护方案。

【答案】B

33. 按照 36 号文，配电自动化系统的安全保护等级定为（ ）级。

A. 1 B. 2 C. 3 D. 4

【知识点、考核点】配电自动化系统网络安全防护方案。

【答案】C

34. 电力监控主站系统软硬件安装调试、更新升级、退出运行、故障处理、设备消缺、配置变更，数据库迁移、表结构变更、传动试验、AGC/AVC 试验等工作应（ ）。

A. 使用书面记录 B. 按口头、电话命令执行

C. 工作任务单 D. 工作票

【知识点、考核点】《国家电网公司电力安全工作规程（信息、电力通信、电力监控部分）》（试行）。

【答案】D

35. 电力监控子站系统软硬件安装调试、更新升级，退出运行、故障处理、设备消缺、配置变更，数据库迁移、表结构变更、监控信息联调、传动试验、设备定检等工作应（ ）。

A. 使用书面记录 B. 按口头、电话命令执行

C. 工作任务单 D. 工作票

【知识点、考核点】《国家电网公司电力安全工作规程（信息、电力通信、电力监控部分）》（试行）。

【答案】D

36. 对于电缆环网等一次网架结构成熟稳定，且配电终端之间具备对等通信条件的区域，可采用就地型智能分布式。

    A. 集中型全自动   B. 就地型智能分布式

    C. 集中型半自动   D. 就地型重合器式

【知识点、考核点】配电自动化系统主站功能规范（试行）。

【答案】A

37.（   ）内容包括：技术报告、运行报告、自查报告、配电自动化设备台账等。

    A. 实用化应用评价   B. 验收资料评价

    C. 考核指标评价   D. 运维体系评价

【知识点、考核点】新一代配电自动化系统实用化验收细则。

【答案】B

38.（   ）内容包括：运维制度、职责分工、运维人员、配电自动化缺陷处理响应情况等。

    A. 实用化应用评价   B. 验收资料评价

    C. 考核指标评价   D. 运维体系评价

【知识点、考核点】新一代配电自动化系统实用化验收细则。

【答案】D

39.（   ）内容包括：配电终端接入情况、配电终端覆盖率、系统运行指标等。

    A. 实用化应用评价   B. 验收资料评价

    C. 考核指标评价   D. 运维体系评价

【知识点、考核点】新一代配电自动化系统实用化验收细则。

【答案】C

40.（   ）内容包括：图模质量、晨操开展情况、馈线自动化使用情况、数据维护情况等。

    A. 实用化应用评价   B. 验收资料评价

    C. 考核指标评价   D. 运维体系评价

【知识点、考核点】新一代配电自动化系统实用化验收细则。

【答案】A

41. 缺陷共分三类：危急缺陷、严重缺陷、（   ）。

    A. 一般缺陷   B. 轻微缺陷   C. 极度缺陷   D. 普通缺陷

【知识点、考核点】配电自动化系统终端缺陷管理规定。

【答案】A

42. 配电自动化实用化验收包括：验收资料、（   ）、考核指标、实用化应用、安全防护等五个分项。

A. 运维体系   B. 运维制度   C. 技术报告   D. 自查报告

【知识点、考核点】《新一代配电自动化系统实用化验收细则》。

【答案】A

43. 数据维护情况基本要求包含：异动流程完善，（   ）、及时性和安全性满足配网调行和生产指挥。

A. 抽查部分配电线路的图形   B. 设备参数

C. 实时信息   D. 数据维护的准确性

【知识点、考核点】《新一代配电自动化系统实用化验收细则》。

【答案】D

44. 现场运维终端仅可通过（   ）对配电终端进行现场维护，且应当采用严格的访问控制措施。

A. 芯片   B. 串口   C. 密码算法   D. 硬压板

【知识点、考核点】《配电自动化系统网络安全防护方案》。

【答案】B

45. 网络安全监测能力验证评估遵循目标导向、（   ）、量化评估、动态优化原则，通过评估不断深化网络安全管理平台等监测技术（以下简称"平台"）应用，提升网络安全监测能力。

A. 监测第一   B. 查重并改   C. 安全第一   D. 评估第一

【知识点、考核点】《电力监测系统网络安全监测能力验证评估办法》。

【答案】B

46. 以下哪项是严重缺陷（   ）。

A. 遥控误操作其他设备   B. 发生遥控拒动等异常情况

C. 蓄电池电压异常   D. 一般遥测量、遥信量故障

【知识点、考核点】《配电自动化系统终端缺陷管理规定》。

【答案】B

47. 配电终端主要通过公共无线网络接入管理信息大区采集应用部分，首先应启用公网自身提供的安全措施；采用（   ）、数据隔离组件和配电加密认证装置的防护方案。

A. 硬件防火墙   B. 密码   C. 非对称密码   D. 数据加密

【知识点、考核点】《配电自动化系统网络安全防护方案》。

【答案】A

48. 供电服务指挥中心（配网调控中心）配电二次班管理职责是（   ）。

A. 负责组织制定配电自动化运行缺陷管理规定及配套流程

B. 负责按照本规定的要求对主站侧缺陷进行及时处理

C. 负责对配电自动化系统运行终端缺陷进行分析、定级

D. 以上都是

【知识点、考核点】《配电自动化系统终端缺陷管理规定》。

【答案】A

二、多选题

1. 配电自动化系统子站（简称配电子站），是配电主站与配电终端之间的中间层，实现所辖范围内的（　　）等功能。

A. 信息汇集　　　　B. 处理　　　　　C. 上报　　　　　D. 通信监视

【知识点、考核点】配电自动化系统主站功能规范（试行）。

【答案】ABD

2. 多态模型一般可以分为（　　）等。

A. 过去态　　　　B. 实时态　　　　C. 研究态　　　　D. 未来态

【知识点、考核点】配电自动化系统主站功能规范（试行）。

【答案】BCD

3. 配电自动化系统主站功能规范总体要求是：应遵循标准性、（　　）、先进性原则。

A. 可靠性　　　　B. 可用性　　　　C. 安全性　　　　D. 扩展性

【知识点、考核点】配电自动化系统主站功能规范（试行）。

【答案】ABCD

4. 应经行业认证机构检测合格的有（　　）。

A. 关键设备　　　B. 硬件产品　　　C. 软件产品　　　D. 配电主站

【知识点、考核点】配电自动化系统主站功能规范（试行）。

【答案】BC

5. 主站的安全性应包括（　　）。

A. 故障自我诊断机制　　　　　　　　B. 数据备份及恢复机制

C. 完善的权限管理机制　　　　　　　D. 故障自我修复机制

【知识点、考核点】配电自动化系统主站功能规范（试行）。

【答案】BC

6. 主站的扩展性包括（　　）。

A. 容量可扩充　　B. 大小可改变　　C. 节点可伸缩　　D. 功能可升级

【知识点、考核点】配电自动化系统主站功能规范（试行）。

【答案】ACD

7. 配电网运行监控包括（　　　）。

A. 图模管理　　　　B. 负荷转供　　　　C. 馈线自动化　　　　D. 配电网趋势分析

【知识点、考核点】配电自动化系统主站功能规范（试行）。

【答案】ABC

8. 配电网运行状态管控包括（　　　）。

A. 配电网接地故障分析　　　　　　　B. 配电网终端管理

C. 扩展应用　　　　　　　　　　　　D. 操作与控制

【知识点、考核点】配电自动化系统主站功能规范（试行）。

【答案】AB

9. 生产控制大区与管理信息大区基于统一支撑平台，通过协同管控机制实现（　　　）等的分区维护、统一管理，并保证管理信息大区不向生产控制大区发送权限修改、遥控等操作性指令。

A. 数据　　　　B. 权限　　　　C. 责任区　　　　D. 告警定义

【知识点、考核点】配电自动化系统主站功能规范（试行）。

【答案】BCD

10. 平台服务为各类应用的（　　　）提供通用的技术支撑。

A. 开发　　　　B. 运行　　　　C. 维护　　　　D. 管理

【知识点、考核点】配电自动化系统主站功能规范（试行）。

【答案】ABD

11. 支撑软件包括（　　　）。

A. 实时数据库软件　　　　　　　　　B. 关系数据库软件

C. 进程管理　　　　　　　　　　　　D. 日志管理

【知识点、考核点】配电自动化系统主站功能规范（试行）。

【答案】ABCD

12. 数据管理系统应提供数据的备份和恢复机制，具体包括（　　　）。

A. 模型数据备份　　B. 全库恢复　　C. 模型数据恢复　　D. 数据导出

【知识点、考核点】配电自动化系统主站功能规范（试行）。

【答案】ABCD

13. 信息交换总线的人机界面应支持（　　　）。

A. 多屏显示　　　　B. 图形多窗口　　　　C. 无级缩放　　　　D. 窗口浏览

【知识点、考核点】配电自动化系统主站功能规范（试行）。

【答案】ABC

14. 信息交换总线支持的报表类型包括（　　　）。

A. 电网运行和计划报表　　　　　　B. 电网设备运行状态报表

C. 开关变位记录报表　　　　　　　D. 设备操作记录报表

【知识点、考核点】配电自动化系统主站功能规范（试行）。

【答案】ABCD

15. 数据处理应具备模拟量处理（　　　）平衡率计算、计算及统计等功能。

A. 数字量处理　　　　　　　　　　B. 状态量处理

C. 非实测数据处理　　　　　　　　D. 数据质量码

【知识点、考核点】配电自动化系统主站功能规范（试行）。

【答案】BCD

16. 统计计算功能包括（　　　）。

A. 数值统计　　　　B. 极值统计　　　　C. 次数统计　　　　D. 数据统计

【知识点、考核点】配电自动化系统主站功能规范（试行）。

【答案】ABC

17. SOE 记录应包括记录时间、（　　　）和设备名。

A. 事件时间　　　　B. 动作时间　　　　C. 区域名　　　　D. 事件内容

【知识点、考核点】配电自动化系统主站功能规范（试行）。

【答案】BCD

18. 设备异动管理应能满足对配电网动态变化管理的需要，反映配电网模型的动态变化过程，提供配电网各态模型的（　　　）和维护功能。

A. 转换　　　　　　B. 上传　　　　　　C. 比较　　　　　　D. 同步

【知识点、考核点】配电自动化系统主站功能规范（试行）。

【答案】ACD

19. 配电主站从应用分布上主要分为（　　　）等 3 个部分。

A. 数据跨区传输　　　　　　　　　B. 生产控制大区实时监控

C. 安全接入区公网数据采集　　　　D. 管理信息大区信息共享与发布

【知识点、考核点】配电自动化系统主站功能规范（试行）。

【答案】BCD

20. 配电主站功能管理信息大区工作站包括（　　　）。

A. 配调工作站　　　　B. 运检工作站　　　　C. 报表工作站　　　　D. 图形工作站

【知识点、考核点】配电自动化系统主站功能规范（试行）。

【答案】BCD

21. 配电变压器终端具备的告警功能有（　　　）。

A. 越限告警　　　B. 断相告警　　　C. 失压告警　　　D. 三相不平衡告警

【知识点、考核点】配电自动化系统主站功能规范（试行）。

【答案】ABCD

22. 配电自动化终端录波功能启动条件包括（　　）零序电流突变等，可远方及就地设定启动条件参数。

A. 过流故障　　　B. 线路失压　　　C. 零序电压　　　D. 接地故障

【知识点、考核点】配电自动化系统主站功能规范（试行）。

【答案】ABC

23. 配电自动化终端录波文件格式遵循 Comtrade 1999 标准中定义的格式，只采用（　　）两个文件。

A. DAT　　　B. CFG　　　C. EXE　　　D. RM

【知识点、考核点】配电自动化系统主站功能规范（试行）。

【答案】AB

24. 配电自动化终端绝缘强度试验被试回路有（　　）。

A. 电源回路对地　　　　　　B. 控制输出回路对地

C. 状态输入回路对地　　　　D. 交流工频电流输入回路对地

【知识点、考核点】配电自动化系统主站功能规范（试行）。

【答案】ABCD

25. 故障指示器供货前及到货后检测工作由省（自治区、直辖市）电力公司（　　）实施。

A. 运维检修部　　　B. 电科院　　　C. 经研院　　　D. 设计院

【知识点、考核点】配电自动化系统主站功能规范（试行）。

【答案】AB

26. 每批次故障指示器供货前及到货后，省电科院根据生产厂家提供的设备资料进行比对、查验。生产厂家应提供的资料包括（　　）。

A. 合同采购供货清单

B. 型号型式试验报告

C. 中国电科院出具的每个型号专业检测报告

D. 每台出厂试验报告

【知识点、考核点】配电自动化系统主站功能规范（试行）。

【答案】ABCD

27. 不应误报警的情况包括（　　）。

A. 负荷波动　　　　　　　　B. 变压器空载合闸涌流

C. 人工投切大负荷　　　　　　D. 非故障相重合闸涌流

【知识点、考核点】配电自动化系统主站功能规范（试行）。

【答案】ABCD

28. 应能通过无线通信方式主动上送（　　）以及监测的负荷电流、故障数据等信息至主站，并支持主站召测全数据功能。

A. 告警信息　　　B. 复归信息　　　C. 遥测信息　　　D. 遥信信息

【知识点、考核点】配电自动化系统主站功能规范（试行）。

【答案】AB

29. 故障指示器采集单元及悬挂安装的汇集单元，应具备无工具拆卸测试接口，接口采用 5 位 2.54mm 间距插拔式接线端子，其中 VBAT、VDD、PTIN 分别代表的是（　　）。

A. 电池正极　　　　　　　　　B. 外部电源输入端

C. 电池负极、电源地　　　　　D. 相电场强度模拟输入端

【知识点、考核点】配电自动化系统主站功能规范（试行）。

【答案】ABD

30. 配电自动化系统，主要由（　　）等部分组成。

A. 配电自动化系统主站　　　　　B. 配电自动化系统子站

C. 配电自动化终端　　　　　　　D. 通信网络

【知识点、考核点】配电自动化系统主站功能规范（试行）。

【答案】ABCD

三、判断题

1. 无论采用哪种通信方式，都应采用基于数字证书的认证技术及基于国产商用密码算法的加密技术进行安全防护。（　　）

【知识点、考核点】配电自动化系统网络安全防护方案。

【答案】正确

2. 生产控制大区采集应用部分与安全接入区边界应部署电力专用横向单向安全隔离装置（部署正、反向隔离装置）。（　　）

【知识点、考核点】配电自动化系统网络安全防护方案。

【答案】正确

3. 安全接入区部署的采集服务器，必须采用经国家指定部门认证的安全加固操作系统，采用用户名/强口令、动态口令、物理设备、生物识别、数字证书等至少两种措施，实现用户身份认证及账号管理。（　　）

【知识点、考核点】配电自动化系统网络安全防护方案。

【答案】错误

4. 现场运维终端仅可通过串口对配电终端进行现场维护,且应当采用严格的访问控制措施。( )

【知识点、考核点】配电自动化系统网络安全防护方案。

【答案】正确

5. 配电自动化系统主站,主要实现配电网数据采集与监控等基本功能和分析应用等扩展功能,为调度运行、生产运维及故障抢修指挥服务。( )

【知识点、考核点】配电自动化系统主站功能规范(试行)。

【答案】正确

6. 配电自动化终端(简称配电终端)是安装在配电网的各类近方监测、控制单元的总称,完成数据采集、控制、通信等功能。( )

【知识点、考核点】配电自动化系统主站功能规范(试行)。

【答案】错误

7. 配电自动化系统子站(简称配电子站),是配电主站与配电终端之间的中间层,实现所辖范围内的信息汇集、处理、通信监视等功能。( )

【知识点、考核点】配电自动化系统主站功能规范(试行)。

【答案】正确

8. 馈线自动化是指利用自动化装置或系统,监视配电网的运行状况,及时发现配电网故障,进行故障定位、隔离和恢复对非故障区域的供电。( )

【知识点、考核点】配电自动化系统主站功能规范(试行)。

【答案】正确

9. 平台服务为整个配电主站系统的集成和高效可靠运行提供保障,为配电主站生产控制大区和生产管理大区纵向集成、横向贯通提供基础技术支撑。( )

【知识点、考核点】配电自动化系统主站功能规范(试行)。

【答案】错误

10. 关系数据库软件,用于存储电网静态模型及相关设备参数、系统配置、告警和事件记录、历史统计信息等需要永久保存的数据。( )

【知识点、考核点】配电自动化系统主站功能规范(试行)。

【答案】正确

11. 实时数据库软件,用以提供高效的实时数据存取,满足电力系统的监视、控制、事件记录和电网分析等应用需求。( )

【知识点、考核点】配电自动化系统主站功能规范(试行)。

【答案】错误

12. 进程管理，用以监控系统进程的运行情况，可根据进程的重要性级别制定不同的管理策略。（   ）

【知识点、考核点】配电自动化系统主站功能规范（试行）。

【答案】错误

13. "关键进程异常应自动重启，如重启失败，应自动重启，并发出告警信息；普通进程异常，应切换应用，并发出告警信息。"（   ）

【知识点、考核点】配电自动化系统主站功能规范（试行）。

【答案】错误

14. 日志管理，应以规范化的文本格式记载和保存日志信息；应提供一组函数接口，实现日志的记录和查询等功能；应提供日志文件的备份功能。（   ）

【知识点、考核点】配电自动化系统主站功能规范（试行）。

【答案】正确

15. 数据同步，具备全网数据同步功能，任一元件参数在整个系统中只输入一次，全网数据保持一致，数据和备份数据保持一致。（   ）

【知识点、考核点】配电自动化系统主站功能规范（试行）。

【答案】正确

16. 状态量处理应能处理包括开关位置、隔离开关、接地开关位置、保护状态以及远方控制投退信号等其他各种信号量在内的状态量。（   ）

【知识点、考核点】配电自动化系统主站功能规范（试行）。

【答案】正确

17. 事件顺序记录应能以微秒级精度记录所有电网开关设备、继电保护信号的状态、动作顺序及动作时间，形成动作顺序表。（   ）

【知识点、考核点】配电自动化系统主站功能规范（试行）。

【答案】错误

18. 过流保护、零序保护等二次设备数据的采集和交换属于配电运行监控功能。（   ）

【知识点、考核点】配电自动化系统主站功能规范（试行）。

【答案】正确

19. 电网一次设备、二次设备状态信息数据的采集和交换属于配电运行监控功能。（   ）

【知识点、考核点】配电自动化系统主站功能规范（试行）。

【答案】正确

20. 无论采用何种通信方式，生产控制大区采集应用部分主机应采用经国家指定部门认证的安全加固的操作系统，采用用户名/强口令、动态口令、物理设备、生物识别、数字证书等3种或3种以上组合方式，实现用户身份认证及账号管理。（　　）

【知识点、考核点】配电自动化系统网络安全防护方案。

【答案】错误

21. 生产控制大区采集应用部分应配置配电加密认证装置，对下行控制命令、远程参数设置等报文采用国际商用非对称密码算法（SM2、SM3）进行签名操作。（　　）

【知识点、考核点】配电自动化系统网络安全防护方案。

【答案】错误

22. 操作和控制应能实现人工置数、标识牌操作、闭锁和解锁操作、远方控制与调节功能，应有相应的权限控制。（　　）

【知识点、考核点】配电自动化系统主站功能规范（试行）。

【答案】正确

23. 图模库一体化建模应遵循 IEC 61968 和 IEC 61970 建模标准，并进行合理扩充，形成配电自动化网络模型描述。（　　）

【知识点、考核点】配电自动化系统主站功能规范（试行）。

【答案】正确

24. 模型图形导入格式应遵循 GB/T 30149—2013《电网设备模型描述规范》、Q/GDW 624《电力系统图形描述规范》、IEC 61970 和 IEC 61968 相关标准，数据接口规范应支持 CIM/E、CIM/G、CIM/SVG 数据格式。（　　）

【知识点、考核点】配电自动化系统主站功能规范（试行）。

【答案】正确

25. 区域电网拓扑校验，支持区域配电网拓扑电气岛分析、变电站静态供电区域分析、变电站间静态馈线联络分析、联络统计等方面的检验功能。（　　）

【知识点、考核点】配电自动化系统主站功能规范（试行）。

【答案】正确

26. 设备异动管理应能满足对配电网动态变化管理的需要，反映配电网模型的动态变化过程，提供配电网各态模型的转换、比较、上传和维护功能。（　　）

【知识点、考核点】配电自动化系统主站功能规范（试行）。

【答案】错误

27. 配电变压器终端具备对配电变压器电压、电流、零序电压、零序电流、有功功率、无功功率、功率因数、频率等测量和计算功能。（　　）

【知识点、考核点】配电自动化系统主站功能规范（试行）。

【答案】正确

28. 当线路发生短路故障时，故障指示器应能判断出故障类型（瞬时性故障或永久性故障）。（   ）

【知识点、考核点】配电自动化系统主站功能规范（试行）。

【答案】正确

29. 架空型故障指示器应能在规定时间或线路恢复正常供电后自动复位，也可根据故障性质（瞬时性或永久性）自动选择复位方式。（   ）

【知识点、考核点】配电自动化系统主站功能规范（试行）。

【答案】正确

30. 电缆型故障指示器应能在自动、在规定时间或线路恢复正常供电后自动复位，也可根据故障性质（瞬时性或永久性）自动选择复位方式。（   ）

【知识点、考核点】配电自动化系统主站功能规范（试行）。

【答案】错误

四、简答题

1. 配电子站基本功能是什么？

【知识点、考核点】配电子站基本功能。

【答案】

（1）通信汇集型子站：

1）终端数据的汇集、处理与转发；

2）远程通信；

3）终端的通信异常监视与上报；

4）远程维护和自诊断。

（2）监控功能型子站：

1）具备通信汇集子站的基本功能；

2）在所辖区域内的配电线路发生故障时，子站应具备故障区域自动判断、隔离及非故障区域恢复供电的能力，并将处理情况上传至配电主站；

3）信息存储；

4）人机交互。

2. 什么是配电自动化一般缺陷？主要包括哪些？

【知识点、考核点】配电自动化一般缺陷。

【答案】

配电自动化一般缺陷是指对人身和设备无威胁，对设备功能及系统稳定运行没有且不至于发展成严重缺陷，应结合检修计划尽快处理的缺陷。

主要包括：

（1）配电主站除核心主机外的其他设备的单网运行。

（2）一般遥测量、遥信量故障。

（3）其他一般缺陷。

3. 配电自动化严重缺陷是什么？主要包括什么？

【知识点、考核点】配电自动化严重缺陷。

【答案】

配电自动化严重缺陷是指对设备功能、使用寿命及系统正常运行有一定影响或可能发展成为危急缺陷，但允许其带缺陷继续运行或动态跟踪一段时间，必须限期安排进行处理的缺陷。

主要包括：

（1）配电主站重要功能失效或异常。

（2）遥控拒动等异常。

（3）对调度员监控、判断有影响的重要遥测量、遥信量故障。

（4）配电主站核心设备（数据服务器、数据采集与监视控制系统服务器、前置服务器、GPS 天文时钟）单机停用、单网运行、单电源运行。

4. 简述 10kV 配电网继电保护配置总原则。

【知识点、考核点】10kV 配电网继电保护配置总原则。

【答案】

（1）系统侧变电站 10kV 出线断路器配置三段或两段式电流保护：瞬时电流速断保护、限时电流速断保护（时限 0.3s）、过电流保护。

（2）配电网线路主干线首级断路器配置两段式电流保护：限时电流速断保护（时限 0.2s）、过电流保护。

（3）配电网线路主干线分段（联络）断路器配置一段式电流保护：（限时）电流速断保护（时限 0.1s 或 0s）。

（4）供电至用户的分支断路器、电缆分支箱出线断路器配置两段式电流保护：电流速断保护（时限 0s）、过电流保护。

5. 在 10kV 架空线路中，保护定值配置有哪些具体要求？

【知识点、考核点】10kV 架空线路中，保护定值配置的要求。

【答案】

（1）主干线首级开关配置为断路器，配置限时电流速断和过电流保护，重合闸根据实际情况投退。

（2）架空线路跌落式熔断器全部用来接入报装容量在 1000kVA 以下的用户或总容

量在 1000kVA 以下的分支线路。熔断器熔丝规格按照报装容量的 70% 来计算。

（3）架空线路柱上断路器保护定值一般设为 600～800A，保护时限设为 0s（部分保护装置最小值为 0.3s）。原则上只接入报装容量在 1000kVA 及以上的用户或总容量在 1000kVA 及以上的分支线路。

6. 什么是馈线自动化？其配置要求有哪些？

【知识点、考核点】馈线自动化的定义及其配置要求。

【答案】

馈线自动化（FA）是指利用自动化装置或系统，监视配电网的运行状态，及时发现配电网故障，进行故障定位、隔离和恢复对非故障区域的供电。

馈线自动化有下列配置要求：

（1）馈线自动化实现故障处理可采用集中型和就地型模式。

（2）应根据供电可靠性需求，结合配电网网架结构、一次设备现状、通信基础条件等情况，合理设计馈线自动化实现方案，并具备人工优化故障处理方案等辅助功能。

7. 造成"线路保护装置告警"信号发出的原因有哪些？

【知识点、考核点】造成"线路保护装置告警"信号发出的原因。

【答案】

（1）保护装置插件或部分功能异常。

（2）通道异常。

（3）装置数据卡死。

（4）现场设备通信出错。

（5）电压或电流采集回路断线。

8. 简述在断路器、隔离开关位置信号中，采用单位置遥信、双位置遥信的优缺点？

【知识点、考核点】配电终端基本知识。

【答案】

（1）单位置遥信信息量少，采集、处理和使用简单，但是无法判断该遥信触点状态正常与否，可信度相对较低。（2.5分）

（2）双位置遥信采集信息量比单位置遥信多 1 倍，利用两个状态的组合表示遥信状态，可以发现 1 个遥信触点故障，起到遥信触点监视的作用，但是信息的采集，处理较复杂。可信度相对较高。

9. 某站所终端现场信号核对做第一路过程中，主站人员反馈收到信号与现场人员所说不一致：开关名称不一致、信号内容不一致，应如何排查？

【知识点、考核点】配电终端基本知识。

【答案】

（1）排查终端在线情况，通信相关参数，如名称与 IP 一致性等。

（2）排查现场开关名称、PMS、自动化系统图形资料是否一致。

（3）排查终端信息表与主站数据库信息表配置情况。

（4）排查现场二次回路接线情况。

（5）排查开关位置节点。

10. 简述 104 规约中通信链路以及链路完成后，数据交互过程？

【知识点、考核点】 配电自动化通信基本知识。

【答案】

（1）主站启动链路，发送链路请求，子站回复链路确认帧，上行初始化结束帧（TI＝70），标志链路链接完成。

（2）主站后续发送总召报文（COT＝06 TI＝100），子站响应报文（COT＝7 TI＝100）后，即上行遥信、遥测报文（COT＝20），数据上送完成，上行总召结束帧（TI＝100 COT＝10），标志总召结束。

（3）主站后续下行时钟同步命令（TI＝103 COT＝6），子站接收到报文后，立即更新系统时钟，然后发送时钟同步确认报文（TI＝103 COT＝7），标志时钟同步命令结束。

（4）后续子站若有报文上行，则主站回复 S 帧确认，若无报文上行，则主站发起测试帧。

11. 请阐述配电自动化系统应用 101 及 104 通信规约的共同点及不同点。

【知识点、考核点】 配电自动化通信基本知识。

【答案】

共同点：

（1）都是基本远动任务传输协议，适用范围是主站与终端之间。

（2）两者应用层基本相同。

不同点：

（1）前者基于串口通信，后者基于 TCP/IP 的以太网通信。

（2）前者多采用非平衡传输，后者采用平衡传输。

12. 配电自动化通信系统及通信规约的含义是什么？

【知识点、考核点】 配电自动化通信基本知识。

【答案】

配电自动化通信系统是指提供数据传输通道实现配电主站与配电终端信息交换的通信系统，包括配电通信网管系统、通信设备和通信通道。

通信规约是指通信双方的一种约定，包括对数据格式、同步方式、传送速度、传送步骤、检纠错方式以及控制字符定义等问题作出统一规定。也称通信控制规程。

13. 配电终端常见的软件类缺陷包括？

【知识点、考核点】配电终端基本知识。

【答案】

（1）规约参数设置错误。

（2）通信参数设置错误。

（3）主站参数设置错误。

（4）点表配置错误。

（5）保护定值设置错误。

（6）软件版本错误。

14. 测控单元是配电终端的核心组成部分，主要完成哪些功能？

【知识点、考核点】配电终端基本知识。

【答案】

（1）信号的采集与计算。

（2）故障检测与故障信号记录。

（3）控制量输出。

（4）通信。

（5）当地控制与分布式智能控制。

15. 对线路 A 进行整线负荷转供操作，未能分析出转供方案，简述可能的原因（提供至少 4 种）。

【知识点、考核点】配电主站基本知识。

【答案】

（1）主站模型拓扑错误。

（2）线路没有联络关系。

（3）主站负荷转供模块功能异常。

（4）转入线路处于检修状态。

（5）转入线路停电。

（6）转入线路处于保电状态。

（7）联络开关处于不可操作状态。

（8）线路终端通信状态不可信。

16. 什么是红黑图管理？

【知识点、考核点】配电主站基本知识。

【答案】

红黑图管理是指用红图来描述未来配电网结构，黑图表述当前实时运行的配电网结构，并通过"红转黑"实现红、黑两份数据的平滑过渡，保证图形与网络拓扑与现场实际保持实时统一，支撑运行人员随时掌握当前、未来的配电网结构，在此基础上提前预演停送电等操作，确保安全调度。

17. 配电主站系统要求？

【知识点、考核点】配电主站基本知识。

【答案】

（1）应通过可信计算强化配电主站系统、物联管理平台及云平台的安全免疫水平。

（2）应通过安全监测技术提升配电主站系统的安全态势感知能力。

（3）应具备访问控制功能，在网络边界或区域之间根据访问控制策略设置访问控制规则。

（4）应具备安全审计功能，在网络边界、重要 ID 进行安全审计，审计覆盖到每个用户，对重要的用户行为和重要安全事件进行审计。

18. FA 测试之前，应做哪些必要的配置和检查？

【知识点、考核点】配电主站基本知识。

【答案】

（1）馈线拓扑是否正确。

（2）线路运行状态是否正常，是否存在环网运行。

（3）主网转发通道是否正常，转发遥信点号是否正确。

（4）服务器是否正常，相关进程是否启动。

（5）测试工作站上的客户端进程是否启动。

（6）FA 相关配置表是否均已配置正确。

（7）保护信号是否关联设备，类型是否正确。

（8）联络线路是否带电，是否存在转供路径。

19. 请简述馈线自动化故障处理的步骤及内容。

【知识点、考核点】配电主站基本知识。

【答案】

（1）馈线自动化故障处理分为故障判断、故障定位、故障隔离和非故障区域恢复供电四个环节。

（2）故障判断是通过收集线路上所有开关的位置信息和保护信号动作情况，进行故障的分析。

（3）故障定位是通过故障分析得出结论，确定故障发生的位置和类型。

（4）故障隔离是指通过分开故障区域上下游开关，隔离故障区域。

（5）非故障区域恢复供电也叫负荷转供，一般是合上出线开关，恢复上游供电，合上某联络开关，恢复故障下游供电。

20．FTU 联调前主站应完成的工作有哪些？

【知识点、考核点】配电终端基本知识。

【答案】

（1）查看 FTU 在配电自动化系统中是否在线。

（2）查看 FTU 时钟是否与系统主站时钟同步。

（3）主站需做好遥控开关的设置工作。

21．集中型馈线自动化在应用时需要注意的事项包括哪些？

【知识点、考核点】配电主站基本知识。

【答案】

（1）终端设备的过流定值及上送点表配置正确。

（2）配电主站系统与调度主站系统变电站出口开关信息交互正常。

（3）配电线路中开关属性、上送信息等在主站系统配置正确。

（4）主站系统中线路拓扑关系正确。

22．配电终端与主站系统的通信应满足哪些要求？

【知识点、考核点】配电自动化通信基本知识。

【答案】

（1）RS－232/RS－485 接口传输速率可选用 1200bit/s、2400bit/s、9600bit/s 等，以太网接口传输速率可选用 10/100Mbit/s 全双工等。

（2）无线通信模块支持端口数据监视功能，监视当前模块状态、IP 地址、模块与无线服务器之间的心跳、模块与终端之间的心跳等；具备网络中断自动重连功能。

（3）配电终端与主站建立连接时间应小于 60s。

（4）接受并执行主站系统下发的对时命令，光纤通道对时精度应不大于 1s，无线通信方式对时精度应不大于 10s。

23．试列举三种标识牌，指出其应用场景，并描述其功能。

【知识点、考核点】配电主站基本知识。

【答案】

（1）检修：检修标识牌应用于设备检修业务场景，功能定义：设备告警不上窗、禁止分合闸、不抑制拓扑。

（2）接地：接地标识牌应用于设备无接地开关确需挂接地线的应用场景，功能定义：禁止分合闸、不抑制拓扑。

（3）禁止操作：禁止操作应用于设备缺陷或检修或其他业务需要禁止设备的分合闸操作，功能定义：禁止分合闸、不抑制拓扑。

（4）带电作业：该标识牌应用于线路有带电作业工作，功能定义：提示类标识牌，不抑制拓扑。

（5）缺陷：该表示牌应用设备发生缺陷，功能定义：提示类标识牌。

24. 新一代配电自动化主站系统建设完善安全防护的措施？

【知识点、考核点】配电网网络信息安全知识。

【答案】

（1）在配电自动化主站系统与主网 EMS 系统之间加装正反向物理隔离装置，确保主网 EMS 系统和调度数据网信息安全。

（2）光纤通信站点和无线公网通信站点，应通过安全接入区接入配电自动化系统主站，防止从终端通信入侵主站系统。

（3）实现配电自动化主站系统的分安全区采集应用，三遥（遥信；遥测；遥控）终端数据通过安全接入区接入生产控制大区采集应用部分，二遥终端数据通过安全隔离组件接入管理信息大区部分。

（4）严格落实公司信息安全相关规定，采用非对称加密、数字签名等技术，进一步加强配电终端接入系统安全防护。

25. 配电自动化系统中网络拓扑着色应包含哪些内容？

【知识点、考核点】配电主站基本知识。

【答案】

配电自动化系统中网络拓扑着色对于配电网调度应用是一个实用性很强的功能。它可根据配网开关的实时状态，确定系统中各种电气设备的带电状态，分析供电源点和各点供电路径，并将结果在人机界面上用不同的颜色表示出来。其主要包括电网运行状态着色、供电范围及供电路径着色、动态电源着色、负荷转供着色、故障指示着色等。

26. 简述数据通信系统的组成部分及其作用？

【知识点、考核点】配电自动化通信基本知识。

【答案】

（1）一个典型数据通信系统由数据终端设备（Data Terminal Equipment，DTE）、数据传输设备（Data Carry Equipment，DCE）、数据传输信道组成。

（2）DTE 主要作用就是完成电网信息的采集，并把这些信息转变成数字信号以便于传输。

（3）DCE 的主要作用是将数据终端设备送来的基带数字信号转变成适用于远距离传输的数字载波信号。

（4）数据传输信道主要完成信号的上传下达，在配电自动化系统中，终端与主站的信息交流都需依靠信道来完成。

27. 无线通信的特点有哪些？

【知识点、考核点】配电自动化通信基本知识。

【答案】

（1）无线信道。

（2）带宽有限。取决于可使用的频率资源和信道的传播特性。

（3）干扰和噪声影响大。由无线通信工作的电磁环境所决定。

（4）在移动通信中存在多径衰落。在移动环境下，接收信号起伏变化。

28. 简述配电自动化主站系统中事件记录与 SOE 记录的区别。

【知识点、考核点】配电主站基本知识。

【答案】

（1）SOE 记录是由终端上送给主站系统的状态信息，而事件记录还包括主站系统的各种运行、操作等状态信息。（2.5 分）

（2）SOE 记录中显示的时间，是由终端发送给主站，精确度达 1ms，而事件记录中显示的时间，是以主站系统接收到时间段时间作为事件发生时间，并且只精确到秒。（2.5 分）

29. 配电自动化系统对通信网络的要求？

【知识点、考核点】配电自动化通信基本知识。

【答案】

（1）具有较高可靠性，以适应苛刻的运行环境。

（2）要具有双向、实时通信的能力。

（3）确保在配电网停电或故障时保障通信正常运行。

（4）通信速率。

（5）具备冗余通信通道。

（6）易于操作且维护工作量小，具有较好的经济性。

30. 根据国家电网公司颁发的《电力二次系统安全防护规定》及《电力二次系统安全防护总体方案》的要求，配电网二次系统安防工作应坚持"安全分区、网络专用、横向隔离、纵向认证"的原则，并严格遵从的四点要求是什么？

【知识点、考核点】配电自动化通信基本知识。

【答案】

（1）配电自动化系统属于电力监控系统范畴，必须使用专用网络的生产控制大区来承载。

（2）配电自动化系统中"遥控"功能涉及开关设备的控制，关系配电网运行安全，必须使用生产控制大区的专用网络通道。

（3）生产控制大区与管理信息大区业务之间互通时，必须设置经国家指定部门检测认证的电力专用横向单向安全隔离装置。

（4）生产控制大区与广域网的横向交接处，应设置电力专用纵向加密认证装置或加密认证网关及相关安全防护措施。

31. 什么是 VPN？

【知识点、考核点】配电自动化通信基本知识。

【答案】

VPN 又称为虚拟专用网络，被定义为通过一个公用网络（通常是因特网）建立一个临时的、安全的连接，是一条穿过公用网络的安全、稳定的隧道。虚拟专用网是对内部局域网的扩展，它可以帮助异地用户、分支机构、商业伙伴及供应商同公司的内部局域网建立可信的安全连接，并保证数据的安全传输。

32. 防火墙的作用有哪些？

【知识点、考核点】配电网网络信息安全知识。

【答案】

（1）过滤进出网络的数据包，管理进出网络的访问行为。

（2）封堵某些禁止的访问行为，记录通过防火墙的信息内容和活动。

（3）对网络攻击进行检测和告警，能过滤大部分的危险端口。

（4）设置严格的外向内的状态过滤规则，抵挡大部分的拒绝服务攻击。

（5）加强了访问控制能力。

33. 配电自动化主站的单线图包括哪些内容？

【知识点、考核点】配电主站基本知识。

【答案】

单线图是以单条配网线路为单位，包含了从变电站出线到配电变压器或线路联络开关之间的所有相关设备，包括变电站、电缆、架空线、开闭所、环网柜、配电变压器等电气设备图形，以及线框、描述信息、统计信息等非电气设备图形。

34. 简述纵向加密认证装置的基本原理？

【知识点、考核点】配电网网络信息安全知识。

【答案】

纵向加密认证装置一般成对出现，两侧设备首先要进行认证，彼此识别，同时生成逻辑隧道，确保数据传输的相对安全。然后，再利用加密技术，两侧设备进行私钥加密，公钥解密，或者公钥加密，私钥解密，从而完成数据加解密传输。

35. 两级级差保护配合下，线路上开关类型组合选取及保护配置的原则是什么？

【知识点、考核点】配电终端基本知识。

【答案】

（1）主干馈线开关全部采用负荷开关。

（2）用户开关或分支开关采用断路器。

（3）变电站出线开关采用断路器。

（4）用户断路器或分支断路器过流保护动作延时时间设定为0s，变电站出线断路器设置适当的过流保护动作延时时间Δt（如0.3s），变电站变压器低压侧开关的过流保护动作延时时间设置为$2\Delta t$（如0.6s）。

36. 请解释"三道防线"的含义。

【知识点、考核点】 配电网网络信息安全知识。

【答案】

（1）"三道防线"：第一道防线是指正常运行方式下的电力系统受到单一故障扰动后，由继电保护装置正确动作迅速切除故障，保持电力系统稳定运行和电网的正常供电。

（2）第二道防线是指正常运行方式下的电力系统受到较严重的故障扰动后，继电保护装置正确动作后，由切除发电机和切除负荷等稳定运行。

（3）第三道防线是指电力系统的稳定破坏后，由防止事故扩大的稳定控制施构成第三道防线。

37. 简述101规约非平衡方式传输和平衡方式传输区别？

【知识点、考核点】 配电自动化系统主站功能规范（试行）。

【答案】

非平衡传输过程用于监视控制和数据采集系统（SCADA），主站顺序地查询子站以控制数据传输，是一种主从式传输方式。主站在这种情况下是启动站，它启动所有报文传输；子站是从动站，只在它们被查询时才可以传输。如果采用平衡传输模式，每个节点（包括：控制站、厂站）均可以启动报文发送，是一种对等传输方式。

38. 简述配电自动化系统平台服务的功能有哪些？

【知识点、考核点】 配电自动化系统主站功能规范（试行）。

【答案】

"平台服务是配电主站开发和运行的基础，采用面向服务的体系架构，为各类应用的开发；运行和管理提供通用的技术支撑，为整个系统的集成和高效可靠运行提供保障，为配电主站生产控制大区和生产管理大区横向集成；纵向贯通提供基础技术支撑。"

39. 简述配电自动化系统主站专题图生成具体内容有哪些？

【知识点、考核点】 配电自动化系统主站功能规范（试行）。

【答案】

专题图生成具体要求包括但不限于：

（1）应以全网模型为基础，应用拓扑分析技术进行局部抽取并做适当简化，生成相关电气图形，生成图形应包括区域系统图、供电范围图、单线图、开关站图。

（2）应支持自动布局增量变化，已有模型发生增减，新生成的图形中原有模型内容布局效果保持不变。

（3）应支持对自动生成的衍生电气图进行编辑和修改，可人工干预专题图生成的展示效果。

（4）生成的专题图应支持配网 CIM 模型识别以及 SVG 图形生成和导出。

40. 配电自动化工程建设应遵循哪些原则？

【知识点、考核点】国家电网公司配电自动化建设与运维管理规定。

【答案】

（1）配电自动化设备到货和安装调试，应由具备检测资质的单位，按照相应检验规程或技术规定进行检测合格后，方可进行施工安装。

（2）配电终端的施工应与一次设备或继电保护装置同步进行，通信网的施工应结合电缆、架空线路同步进行。

（3）新建配电主站及通信网原则上应先于配电终端建成，确保配电自动化工程一次建成投运，避免二次停电。

41. 配电自动化运行巡视的要求有哪些？

【知识点、考核点】国家电网公司配电自动化建设与运维管理规定。

【答案】

（1）配电主站运维人员应按照调控专业要求对配电主站、机房进行巡视，做好运行值班、交接班管理等工作。

（2）配网通信系统运维人员应定期对通信骨干网和 10kV 通信接入网相关设备进行巡视。

（3）运维单位应完善各类配电自动化设备现场操作规程，提升标准化水平。

（4）配网调控人员应通过配电主站加强系统整体运行监控，积极开展遥控操作提升实用化水平。

42. 配电自动化设备投运和退役管理的要求是什么？

【知识点、考核点】国家电网公司配电自动化建设与运维管理规定。

【答案】

（1）新产品、新设备由国网运检部统一组织相关测试，履行入网手续，并经挂网试运行和技术鉴定后方可投入正式运行，试运行期限不得少于半年。

（2）新设备投运前应组织对新设备的运维人员开展技术培训。

（3）配电自动化相关设备投入运行前或永久退出运行，应履行相应的审批手续。

43. 配电自动化建设与改造过程中对配电终端的要求有哪些？

【知识点、考核点】配电自动化系统主站功能规范（试行）。

【答案】

（1）配电终端应采用模块化、可扩展、低功耗的产品，具有高可靠性和适应性。

（2）配电终端的通信规约支持 DL/T 634.5—101、DL/T 634.5—104 规约。

（3）配电终端的结构形式应满足现场安装的规范性和安全性要求。

（4）配电终端电源可采用系统供电和蓄电池（或其他储能方式）相结合的供电模式。

（5）配电终端应具有明显的装置运行、通信、遥信等状态指示。

44. 什么是自动重合闸？为什么要采用自动重合闸？

【知识点、考核点】配电自动化系统主站功能规范（试行）。

【答案】

自动重合闸装置是将因故障跳开后的断路器按需要自动投入的一种自动装置。

电力系统运行经验表明，架空线路绝大多数的故障都是瞬时性的。因此，在由继电保护动作切除短路故障之后，电弧将熄灭，绝大多数情况下短路处的绝缘可以自动恢复。因此，自动将断路器重合，不仅提高了供电的安全性和可靠性，减少了停电损失，而且还提高了电力系统的暂态稳定水平，增大了高压线路的送电容量，也可纠正由于断路器或继电保护装置造成的误跳闸。所以，线路要采用自动重合闸装置。

45. 配电网线路自动重合闸的启动方式有哪几种？各有什么特点？

【知识点、考核点】配电自动化系统主站功能规范（试行）。

【答案】

自动重合闸有两种启动方式，分别是断路器控制开关位置与断路器位置不对应启动方式和保护启动方式。

不对应启动方式的优点是简单可靠，还可以纠正断路器误碰或偷跳，可提高供电可靠性和系统运行的稳定性，在各级电网中具有良好运行效果，是所有重合闸的基本启动方式。其缺点是，当断路器辅助触点接触不良时，不对应启动方式将失效。保护启动方式是不对应启动方式的补充。其缺点是，不能纠正断路器误动。

46. 什么叫定时限过电流保护？什么叫反时限过电流保护？

【知识点、考核点】配电自动化系统主站功能规范（试行）。

【答案】

为了实现过电流保护的动作选择性，各保护的动作时间一般按阶梯原则进行整定。即相邻保护的动作时间，自负荷向电源方向逐级增大，且每套保护的动作时间是恒定不变的，与短路电流的大小无关。具有这种动作时限特性的过电流保护称为定时限过电流保护。

反时限过电流保护是指动作时间随短路电流的增大而自动减小的保护。能更快的切除被保护线路首端的故障。

47. 中低压通信接入网主要采用了哪些新技术？

【知识点、考核点】配电自动化系统主站功能规范（试行）。

【答案】

中低压通信接入网主要采用的新技术包含：

无源光网络技术（PON），是配用电"最后一公里"宽带接入的主要技术。

电力线宽带通信技术（BPL），是电力系统特有的通信方式。采用 1～30MHz 载波频率，可以达到每秒 200Mbit 的传输速率。

无线通信技术，宽带无线接入技术主要应用 LTE、Wi-Fi、Zigbee，Bluetooth、GPRS、卫星通信等。

电力特种光缆，接入网中主要光纤复合架空相线（OPPC）和光纤复合低压电缆（OPLC）等。

48. 高级配电自动化的主要特点有哪些？

【知识点、考核点】配电自动化系统主站功能规范（试行）。

【答案】

与目前的配电自动化技术相比，高级配电自动化技术的主要特点如下：

（1）支持分布式电源的大量接入并使其与配电网进行有机集成。

（2）满足有源配电网的监控需要。

（3）提供实时仿真分析与辅助决策工具，更有效地支持各种高级应用软件（如潮流计算、网络重构和电压/无功优化等软件）的应用。

（4）支持分布式控制技术。

（5）系统具有良好的开放性与可扩展性，采用标准的信息交互模型和通信规约，支持监控设备与应用软件的即插即用。

（6）各种自动化系统之间实现无缝集成，信息高度共享，功能深入融合。

五、论述题

1. 配电自动化系统的智能化应用有哪些内容？

【知识点、考核点】配电主站基本知识。

【答案】

在配电自动化系统应用比较成熟并且智能电网的相关建设取得了实质性进展基础上，可以扩展对分布式电源、储能装置、微电网的接入及控制功能，基于快速仿真的智能预警分析技术的配电网自愈控制功能，以及通过信息交互总线进一步实现与智能用电等其他应用系统的互动化应用。若对配电网的安全控制和经济运行辅助决策有进一步的需求，可通过配电网络优化和提高供电能力的高级应用软件实现配电网的经济优化运行。

2. 简要叙述继电保护与集中智能馈线自动化协调配合下架空馈线故障后的故障处理步骤。

【知识点、考核点】配电终端基本知识。

【答案】

（1）馈线发生故障后，变电站出线断路器跳闸切断故障电流。

（2）经过 0.5s 延时后，变电站出线断路器重合，若重合成功则判定为瞬时性故障。若重合失败则判定为永久性故障。

（3）主站根据收集到的配电终端上报的各个开关的故障信息判断出故障区域。

（4）若是瞬时性故障，则将相关信息存入瞬时性故障处理记录。若是永久性故障，则遥控故障区域周边开关分闸以隔离故障区域，并遥控相应变电站出线断路器和联络开关合闸恢复健全区域供电，将相关信息存入永久性故障处理记录。

3. 配电自动化对通信系统的基本要求有哪些？

【知识点、考核点】配电自动化通信基本知识。

【答案】

（1）应有高度的可靠性，设备抗电磁干扰能力强。

（2）通信系统的费用应考虑经济性。

（3）对通信速率有要求。

（4）具有双向通信能力及可扩展性。

（5）主干通信网应建立备用通信通道。

（6）电网停电或故障时，不影响通信。

（7）通信设备标准化，容易操作与维修。

（8）通信系统应具有防过电压和防雷能力。

（9）业务对通信系统有要求。

（10）对信息安全有要求。

4. 根据国家电网公司颁发的《电力二次系统安全防护规定》及《电力二次系统安全防护总体方案》的要求，配电网二次系统安防工作应坚持"安全分区、网络专用、横向隔离、纵向认证"的原则，并严格遵从的四点要求是什么？

【知识点、考核点】配电网网络信息安全知识。

【答案】

（1）配电自动化系统属于电力监控系统范畴，必须使用专用网络的生产控制大区来承载。

（2）配电自动化系统中"遥控"功能涉及开关设备的控制，关系配电网运行安全，必须使用生产控制大区的专用网络通道。

（3）生产控制大区与管理信息大区业务之间互通时，必须设置经国家指定部门检测认证的电力专用横向单向安全隔离装置。

（4）生产控制大区与广域网的横向交接处，应设置电力专用纵向加密认证装置或加密认证网关及相关安全防护措施。

5. 按照配电自动化系统的七层安全防护分别是什么？

【知识点、考核点】配电网网络信息安全知识。

【答案】

（1）生产控制大区采集应用部分与调度自动化系统边界的安全防护（B1）。

（2）生产控制大区采集应用部分与管理信息大区采集应用部分边界的安全防护（B2）。

（3）生产控制大区采集应用部分与安全接入区边界的安全防护（B3）。

（4）安全接入区纵向通信的安全防护（B4）。

（5）管理信息大区采集应用部分纵向通信的安全防护（B5）。

（6）配电终端的安全防护（B6）。

（7）管理信息大区采集应用部分与其他系统边界的安全防护（B7）。

6. 101 规约执行命令过程是什么？

【知识点、考核点】配电自动化系统主站功能规范（试行）。

【答案】

主站收到终端发出的"选择确认"报文后，将向终端发送"执行命令"报文，终端立即用固定帧长的确认报文回答主站。非平衡方式下，主站收到终端的确认报文后，发出"请求 1 级用户数据"报文进行召唤终端。如果被指定的控制操作将被执行，终端用"执行确认"。

报文响应；否则，用否定确认。这个过程是可中断的，当终端尚未准备好应答报文时，可以先上送其他数据报文，从"执行命令"发出至收到"执行确认"报文的时间不能超过规定的超时时间。

配电终端在回答遥控返校之前必须检查开关是否可控以及预置报文的参数是否正确。非平衡链路传输模式中遥控过程的如下图所示；平衡链路遥控过程的区别就是选择确认；终止确认；执行确认和执行结束这些报文终端是直接上送。

7. 在非平衡链路传输模式中，以事件采集的链路传输过程总是采用询问/响应过程。事件发生后，配电终端接收配电主站的问答报文可能会有哪 3 种情况？

【知识点、考核点】配电自动化系统主站功能规范（试行）。

【答案】

（1）配电主站在请求 1 级用户数据，而且是非中断原因引起的总召唤情况下，配电终端的事件可打断该总召唤过程，以传输自发数据或突发事件的 ASDU 来作为响应。

（2）配电主站在请求 2 级用户数据并且配电终端有 2 级用户数据的情况下，配电终端还是回一帧 2 级数据，但是将 ACD＝1，则配电主站转为请求 1 级用户数据，然后配电终端回复遥信报文。

（3）配电主站正在请求 2 级用户数据，配电终端无 2 级用户数据且有 1 级数据的情况下。

（4）配电终端直接以 1 级数据回送遥信报文。

8. 遥信报文异常处理机制是什么？

【知识点、考核点】配电自动化系统主站功能规范（试行）。

【答案】

为保证事件不丢失，所有事件必须得到主站的确认（在非平衡模式下以收到主站下一帧请求报文且 FCB 位翻转视为上一帧报文已经得到主站确认），否则将事件进行缓存，缓存遥信条数不少于 256 条，超出 256 条遥信则循环覆盖最早的遥信数据；待通信恢复正常后重新上送未被确认的事件，未被确认的事件应该在通信重新建立链路后重复上送，直至被确认为止，如果终端掉电重启后则事件清空，无需再补充上送。主要应用场景有如下几个方面：

（1）遥信报文在通信通道传输出错，遥信报文丢失而未到达主站；或者在通道传输过程中出现了误码，遥信报文被主站视作无效报文而丢弃。

（2）主站回复/确认报文在通信通道传输出错，遥信报文丢失而未到达终端；或者在通道传输过程中出现了误码，遥信报文被终端视作无效报文而丢弃。

9. 简述对于配电自动化主站功能的整体要求有哪些？

【知识点、考核点】配电自动化系统主站功能规范（试行）。

【答案】

（1）应遵循标准性；可靠性；可用性；安全性；扩展性；先进性原则。

（2）应具备横跨生产控制大区与管理信息大区一体化支撑能力，满足配电网的运行监控与运行状态管控需求。

（3）应采用标准通用的软硬件平台，支持地县一体化构架。

（4）基于信息交换总线，实现与多系统数据共享，具备对外交互图模数据；实时数据和历史数据的功能，支持各层级数据纵；横向贯通以及分层应用。

（5）应符合国家发展和改革委员会令 2014 年第 14 号《电力监控系统安全防护规定》，信息安全防护应遵循合规性；体系化和风险管理原则，符合安全分区；横向隔离。

（6）纵向认证的安全策略。

10. 简述智能配变终端电源技术参数指标要求是什么？

【知识点、考核点】配电自动化系统主站功能规范（试行）。

【答案】

（1）额定电压：AC 220V/380V，50Hz。

（2）允许偏差：−30%～+30%。

（3）终端加上电源、断电、电源电压缓慢上升或缓慢下降，均不应误动或误发信号，当电源恢复正常后应自动恢复正常运行。

（4）电源恢复后保存数据不丢失，内部时钟正常运行。

（5）电源由非有效接地系统或中性点不接地系统的三相四线配电网供电时，在接地故障及对地产生 10%过电压的情况下，没有接地的两相对地电压将会达到 1.9 倍的标称电压维持 4h，终端不应出现损坏。供电恢复正常后终端应正常工作，保存数据应无改变。

11. 配电自动化系统主站扩展功能中负荷预测具体包含哪些内容？

【知识点、考核点】配电自动化系统主站功能规范（试行）。

【答案】

负荷预测具体要求应包括但不限于：

（1）支持针对 6～20kV 母线、区域配电网的负荷预测，具备对系统历史负荷数据、气象因素、节假日，以及特殊事件等信息分析的基础上制定差异化预测策略能力。

（2）支持自动启动和人工启动负荷预测。

（3）支持多日期类型负荷预测，针对不同的日期类型设计相应的预测模型和方法，分析各种类型的日期模型（例如工作日、周末和假日等）对负荷的影响。

（4）支持气象因素对负荷预测影响的分析能力。

（5）支持多预测模式对比分析。

（6）支持计划检修、负荷转供、限电等特殊情况对配网负荷影响的分析。

12. 配电自动化系统主站扩展功能中潮流计算具体包含哪些内容？

【知识点、考核点】配电自动化系统主站功能规范（试行）。

【答案】

潮流计算具体要求包括但不限于：

（1）根据配电网络指定运行状态下的拓扑结构、变电站母线电压（即馈线出口电压）、负荷类设备的运行功率等数据，计算节点电压，以及支路电流、功率分布，计算结果为其他应用功能做进一步分析做支撑。

（2）支持实时态、研究态电网模型的计算。

（3）可支持分线路、分区域、全配电网计算。

（4）对于配电自动化覆盖区域由于实时数据采集较全，可进行精确潮流计算；对于自动化尚未覆盖或未完全覆盖区域，可利用用电信息采集、负荷管理系统的准实时数据，利用状态估计尽量补全数据，进行潮流估算。

（5）能进行馈线电流越限、母线电压越限分析。

13. 配电自动化系统主站扩展功能中解合环分析具体包含哪些内容？

【知识点、考核点】配电自动化系统主站功能规范（试行）。

【答案】

解合环分析具体要求包括但不限于：

（1）应与上级电网调度控制系统进行信息交互，获取端口阻抗、潮流计算等计算结果，以及负荷、事故信息及联络开关位置等约束条件，对指定方式下的解合环操作进行计算分析，结合分析结果对该解合环操作进行风险评估。

（2）可基于实时态、研究态电网模型进行解合环分析。

（3）支持解合环路径自动搜索。

（4）对于模型参数完备，相关量测采集齐全的环路，可计算合环稳态电流值、合环电流时域特性、合环最大冲击电流值。

（5）应支持解合环操作对环路上其他设备的影响分析。

（6）应支持解合环前后潮流值比较，生成辅助决策方案。

14. 配电自动化系统主站扩展功能中自愈控制具体包含哪些内容？

【知识点、考核点】配电自动化系统主站功能规范（试行）。

【答案】

自愈控制具体要求包括但不限于：

（1）应支持综合应用配网故障处理、安全运行分析、配电网状态估计和潮流计算等分析结果，循环诊断配电网当前所处运行状态，并进行控制策略决策。

（2）应支持配电网在紧急状态、恢复状态、异常状态、警戒状态和安全状态等状态划分及分析评价机制，为配电网自愈控制实现提供理论基础和分析模型依据。

（3）应支持校正控制，包括预防控制、校正控制、恢复控制、紧急控制，各级控制策略保持一定的安全裕度，满足 $N-1$ 准则。

（4）应具备相关信息融合分析的能力，在故障信息漏报、误报和错报条件下能够容错故障定位。

（5）应支持配电网大面积停电情况下的多区域、多级电压协调、快速恢复功能。

（6）应支持对电网实时运行系统所有 10kV 母线运行状态监视，自动检测感知 10kV 母线故障。

（7）应支持配电网大面积停电情况下的预案编制、保存和自动校核等功能。

（8）应支持灵活配置控制方式，支持单步控制、顺序控制等不同遥控模式。

15. 配电自动化系统主站扩展功能中配电网经济运行分析具体包含哪些内容？

【知识点、考核点】配电自动化系统主站功能规范（试行）。

【答案】

配电网经济运行分析具体要求包括但不限于：

（1）支持网架结构、运行方式合理性分析。

（2）支持对配电设备利用率进行综合分析与评价。

（3）支持配电网季节性运行方式优化分析。

（4）支持电压无功协调控制。

（5）可支持从经济、安全方面对配电网运行方式进行分析。

16. 配电自动化系统主站设备状态管控中，线路监测具体包含哪些内容？

【知识点、考核点】配电自动化系统主站功能规范（试行）。

【答案】

线路监测具体要求包括但不限于：

（1）应支持配网线路关联电气设备监测，包括但不限于配网开关、配网母线、接地刀闸、配电变压器等。

（2）应支持以接线图等可视化方式对配网线路全景状态进行监视。

（3）应支持配网线路实时停电监测并告警，并支持历史停电记录统计分析。

（4）支持配网线路负荷监测，并支持重过载告警及统计分析。

（5）支持配网线路关联设备异常、电能质量异常、用电异常等实时告警，并支持历史记录统计分析。

17. 配电自动化系统主站设备状态管控中，台区经济运行分析具体包含哪些内容？

【知识点、考核点】配电自动化系统主站功能规范（试行）。

【答案】

台区经济运行分析具体要求包括但不限于：

（1）支持技术降损量化评价体系建设，具体包括但不限于技术降损综合量化分析、技术降损措施分析、技术降损方案评估分析。

（2）支持配电网电压无功运行监视、优化计算分析。

（3）支持分布式电源接入后配网无功电压安全优质经济运行分析。

（4）支持配网电压、无功、三相不平衡、负载率等问题和成因综合分析。

18. 配电自动化系统主站二次设备状态管控中，配电终端参数远程调阅及设定具体包含哪些内容？

【知识点、考核点】配电自动化系统主站功能规范（试行）。

【答案】

配电终端参数远程调阅及设定具体要求包括但不限于：

应支持终端固有信息的单个或批量远程调阅，包括终端类型及出厂型号、终端 ID 号、嵌入式系统名称及版本号、硬件版本号、软件版本号、通信参数、二次变比等参数。

应支持终端运行参数的单个或批量远程调阅与设定，包括零漂、变化阈值（死区）、重过载报警限值等运行参数。

应支持终端定值参数的单个或批量远程调阅与设定。

配电终端参数远程调阅及设定应符合《配电自动化终端参数配置规范》要求。

19. 配电自动化系统主站二次设备状态管控中，实时配网数据质量校验具体包含哪些内容？

【知识点、考核点】配电自动化系统主站功能规范（试行）。

【答案】

实时配网数据质量校验具体要求包括但不限于：

应支持设备电流、电压、有功功率、无功功率合理性校验；

应支持中压母线电流一致性校验；

应支持开关合分遥信与电流一致性校验；

应支持馈线、区段的电流一致性校验；

应支持以上校验结果的展示。

20. 配电自动化系统主站故障定位和分析中，馈线自动化分析具体包含哪些内容？

【知识点、考核点】配电自动化系统主站功能规范（试行）。

【答案】

馈线自动化分析具体要求应包括但不限于：

（1）支持故障发生判定，依据变电站出线开关/配网开关分闸信号和保护信号判定发生故障，识别瞬时故障与永久故障。

（2）支持故障区间判定，依据上送的故障信号、合分信号判定和展示故障发生区间。

（3）支持智能分布式终端上送的故障信号、动作信号、事件信号，展示故障处理过程。

（4）支持故障记录的生成、存储、查询和导出，支持故障历史信息查询。

（5）应支持根据故障信号及就地馈线自动化动作信号进行故障定位。

（6）应支持当就地型馈线自动化功能失效或动作失败时，根据终端上送的信息分析异常并告警。

（7）宜支持就地型未动作情况下，主站集中型作为后备启动。

21. 配电自动化系统主站故障定位和分析中，停电事件分析具体包含哪些内容？

【知识点、考核点】配电自动化系统主站功能规范（试行）。

【答案】

停电事件分析具体要求包括但不限于：

应支持低压用户停电时间、停电类型、停电原因等数据分析和查看；

应支持低压用户停电数量和停电时长的自动统计分析；

应支持低压用户供电可靠性指标自动计算；

应支持结合大数据分析技术对供电可靠率不合格的台区进行原因分析。

22. 配电自动化系统主站新能源监测中，分布式电源管理具体包含哪些内容？

【知识点、考核点】配电自动化系统主站功能规范（试行）。

【答案】

分布式电源管理具体要求包括但不限于：

（1）应支持分布式电源的数据采集和展示。

（2）应支持反向功率流动计算及孤岛运行分析。

（3）可支持针对不同分布式电源的特性，结合大数据分析，评估台区接纳能力和分布式电源接入对台区运行影响。

23. 配电网线路自愈开关保护整定的方法有哪些？

【知识点、考核点】保护整定方法。

【答案】

（1）功率方程法。功率方程法是一种基于电力系统中功率平衡原理进行保护整定的方法。它将功率方程分别施加于故障前和故障后的系统中，根据故障后的电压和电流测量值计算故障电流，以实现对高电压、低电压等故障进行保护。

（2）放电电流法。放电电流法是一种利用变压器磁芯的饱和特性，对电力系统中的故障进行保护的方法。它通过对电流进行测量，根据电流变化的快慢，对故障进行准确的检测和判定，并按照设定值实现保护整定。

（3）非平衡电压法。非平衡电压法是一种利用改变电压矢量相位差来检测故障的方法。它可以有效地识别出线路上的短路故障和接地故障，实现对电力系统中的故障进行保护。

24. 配电自动化系统主站新能源监测中，新能源发电预测具体包含哪些内容？

【知识点、考核点】配电自动化系统主站功能规范（试行）。

【答案】

新能源发电预测具体要求包括但不限于：

（1）应具备获取和展示数值天气预报、网格化功率预测、站点功率预测、功率预测对比展示、预测结果统计分析等功能等。

（2）超短期预测应具备预测未来 15min 至 4h 的功率曲线，每 15min 预测一次，并自动滚动执行。

（3）短期预测应具备从次日 0:15 起 $D+3$ 的功率曲线，时间间隔应 15min。

（4）中长期预测应具备以滚动方式对次日 0:15 开始至起 $D+7$ 的功率曲线，时间间隔应 15min。

（5）应具备预测结果自动累加为全网预测结果的功能。

（6）应具备提供功率预测结果导出功能，并支持 E 文本、CSV 等格式。

25. 配电自动化系统主站应满足相关系统指标规范中，具体指标应符合哪些要求？

【知识点、考核点】配电自动化系统主站功能规范（试行）。

【答案】

（1）冗余性。

1）热备切换时间≤20s；

2）冷备切换时间≤10min。

（2）可用性系统主站设备年可用率≥99.9%。

（3）计算机资源。

1）单节点 CPU 平均负载率（任意 5min 内）≤40%；

2）单节点备用空间（根区）≥20%（或是 10G）。

（4）系统节点分布。

1）可接入工作站数≥60；

2）前置分组数≥6。

（5）生产控制大区与管理信息大区数据交互。

1）正向传输带宽（单台）≥6M 字节/s；

2）反向传输带宽（单台）≥2M 字节/s。

（6）画面调阅响应时间。

1）90%画面＜4s；

2）其他画面＜10s。

（7）信息发布并发用户数≥100 个。

运营管控篇

一、单选题

1. 国网客服中心为客户提供"7×24"h 服务，受理客户诉求时，应落实（   ），可立即办结的业务直接答复并办结工单。

A. 首问负责制
B. 公司巡视办转办
C. 一体四翼
D. 一线减负

【知识点、考核点】国家电网有限公司 95598 客户服务业务管理办法，95598 客户诉求业务管理。

【答案】A

2. 工单填写规范率＝（1－/派发工单总数）×100%。

A. 因工单填写不规范退单数
B. 分析报告不合格次数
C. 咨询派发工单量
D. 国网客服被退单数

【知识点、考核点】国家电网有限公司 95598 客户服务业务管理办法，国家电网有限公司 95598 服务质量监督及评价指数。

【答案】A

3. 受理用电业务时，（   ）主动告知客户办理业务需提供的所有资料、办理流程、收费项目和标准，并出具业务办理告知书，避免客户重复往返。

A. 一次性   B. 业务人员   C. 相关负责人   D. 第一时间

【知识点、考核点】国家电网有限公司一线员工供电服务行为规范，营业窗口服务行为规范。

【答案】A

4. 营业时间结束时，对于正在办理的业务应照常办理，对于在厅内等候的客户（   ）服务。

A. 告知次日   B. 延后   C. 继续提供   D. 不予

【知识点、考核点】国家电网有限公司一线员工供电服务行为规范，业扩办电服务行为规范。

【答案】C

5. "（   ）"要求，造成客户多头对接、多次往返。

A. 暂停营业   B. 一口对外   C. 相关负责人   D. 一类过错

【知识点、考核点】国家电网有限公司一线员工供电服务行为规范，业扩办电服务行为规范。

【答案】B

6. 意见（建议）是指客户对供电企业在供电服务、供电业务、停送电问题、供电质量问题、（　　）、充电服务、电 e 宝业务等方面存在不满而提出的诉求业务。

A. 充电桩服务　　B. 业扩报装问题　　C. 电网建设　　D. 服务渠道问题

【知识点、考核点】国家电网有限公司 95598 客户服务业务管理办法，国家电网有限公司 95598 一般诉求业务处理规范。

【答案】C

7.（　　）指供电企业在处理具体营业业务过程中存在工作超时限、疏忽、差错等引发的客户投诉，主要包括业扩报装、用电变更、抄表催费、电费电价电能计量、业务收费、充电业务等方面。

A. 营业投诉　　B. 服务投诉　　C. 停送电投诉　　D. 电网建设投诉

【知识点、考核点】国家电网有限公司 95598 客户服务业务管理办法，国家电网有限公司 95598 一般诉求业务处理规范。

【答案】A

8. 重要服务事项报备的起止时间必须准确，时间跨度不应超过（　　），超过需再次报备。

A. 1 个月　　B. 3 个月　　C. 6 个月　　D. 9 个月

【知识点、考核点】国家电网有限公司 95598 客户服务业务管理办法，国家电网有限公司 95598 重要服务事项报备管理。

【答案】B

9. 国家电网有限公司员工服务"十个不准"第一条中规定，不准（　　）、无故拖延检修抢修和延迟送电。

A. 违规停电　　B. 临时停电　　C. 故障停电　　D. 计划停电

【知识点、考核点】国家电网办〔2020〕16 号国家电网有限公司关于修订发布员工服务"十个不准"的通知。

【答案】A

10. 国家电网有限公司员工服务"十个不准"第六条中规定，不准漠视客户合理用电诉求、（　　）客户。

A. 推诿搪塞　　B. 推诿怠慢　　C. 搪塞怠慢　　D. 推诿搪塞怠慢

【知识点、考核点】国家电网办〔2020〕16 号国家电网有限公司关于修订发布员工服务"十个不准"的通知。

【答案】D

11. 国家电网有限公司供电服务"十项承诺"第三条"快速抢修及时复电"中规定，提供 24h 电力故障报修服务，供电抢修人员到达现场的平均时间一般为：城区范围（　　），农村地区（　　），特殊边远地区（　　）。

A. 40min，60min，1h   B. 45min，90min，2h

C. 40min，60min，2h   D. 40min，90min，2h

【知识点、考核点】国家电网办〔2022〕336号 国家电网有限公司关于修订供电服务"十项承诺"。

【答案】B

12. 国家电网有限公司供电服务"十项承诺"第七条"电表异常快速响应"中规定，受理客户计费电能表校验申请后，（   ）内出具检测结果。

A. 3个工作日   B. 4个工作日   C. 5个工作日   D. 6个工作日

【知识点、考核点】国家电网办〔2022〕336号 国家电网有限公司关于修订供电服务"十项承诺"。

【答案】C

13. 根据《国家电网有限公司一线员工供电服务行为规范》，不准在催收电费时，搭车收取（   ）。

A. 维护费用   B. 其他费用   C. 额外费用   D. 服务费

【知识点、考核点】国家电网有限公司一线员工供电服务行为规范抄表收费服务行为规范。

【答案】B

14. 根据《国家电网公司一线员工供电服务行为规范》，营业窗口不准向客户（   ）和设备材料供应单位，或在窗口摆放相关资料。

A. 推荐施工单位   B. 推介设计、施工

C. 举荐设计单位   D. 指定设计、施工

【知识点、考核点】国家电网有限公司一线员工供电服务行为规范营业窗口服务行为规范。

【答案】B

15. 根据《国家电网有限公司一线员工供电服务行为规范》，向客户提供现金、银行卡、（   ）等多种交费方式。与客户交接钱物时，当面点验、唱收唱付，收款后主动向客户提供票据，并提醒客户校核。

A. 微信   B. 支付宝   C. 网上国网   D. 线上渠道

【知识点、考核点】国家电网有限公司一线员工供电服务行为规范营业窗口服务行为规范。

【答案】D

16. 根据《国家电网公司一线员工供电服务行为规范》，营业窗口对行动不便的老年人、孕妇、残障人士等特殊群体（   ），提供引导并协助办理业务。

A. 无需理睬   B. 开辟绿色通道

C. 无需开辟绿色通道   D. 最后办理业务

【知识点、考核点】国家电网有限公司一线员工供电服务行为规范营业窗口服务行为规范。

【答案】B

17. 按照《国家电网公司一线员工供电服务行为规范》，客户侧发生故障时，应（   ）客户进行故障排查，初步判断故障发生的原因和范围，（   ）客户进行故障隔离和消缺，及时恢复供电。

A. 指导，协助   B. 指导，监督   C. 协助，指导   D. 协助，监督

【知识点、考核点】国家电网有限公司一线员工供电服务行为规范营业窗口服务行为规范。

【答案】C

18.《国家发展改革委国家能源局关于全面提升"获得电力"服务水平持续优化用电营商环境的意见》规定，10kV 单电源客户的竣工验收时限为（   ）个工作日，35kV 双电源客户的竣工验收时限为（   ）个工作日。

A. 3，5   B. 3，3   C. 5，7   D. 7，7

【知识点、考核点】国家发展改革委国家能源局关于全面提升"获得电力"服务水平持续优化用电营商环境的意见。

【答案】B

19. 根据《国家电网有限公司一线员工供电服务行为规范》故障抢修服务行为规范规定，开展故障抢修时，做好安全措施，摆放醒目的（   ）或设置围栏，防止人身伤亡事故。

A. 抢修车辆   B. 通知书   C. 警示牌   D. 交通锥

【知识点、考核点】国家电网有限公司一线员工供电服务行为规范故障抢修服务行为规范。

【答案】C

20. 根据《国家电网有限公司一线员工供电服务行为规范》，不准虚报联系客户时间、到达现场时间、抢修进度和（   ）等信息。

A. 处理结果   B. 处理完成时间   C. 故障原因   D. 抢修结束时间

【知识点、考核点】国家电网有限公司一线员工供电服务行为规范故障抢修服务行为规范。

【答案】A

21. 根据《宁夏电力有限公司供电服务过错问责实施意见》，修订后新增的三类过错

事项是（　　　）。

A. 业扩报装"体外循环"

B. 有人员责任的抢修超时限

C. 营业厅工作人员未履行首问负责制

D. 网格渠道受理的客户诉求处理不及时、不到位，外溢至 95598、12398、12345 等渠道。

【知识点、考核点】国网宁夏电力有限公司关于供电服务过错问责的实施意见供电服务过错适用事项经济处罚对照表。

【答案】D

22. 根据《国家电网有限公司一线员工供电服务行为规范》，在营业厅醒目位置通过上墙图板、电子显示屏等方式，准确、完整公示公司服务承诺、（　　　）、收费项目及标准等，并及时更新。

A. 十个不准　　　B. 高可靠费用　　　C. 新装业务流程　　　D. 业务办理流程

【知识点、考核点】国家电网有限公司一线员工供电服务行为规范营业窗口服务行为规范。

【答案】D

23. 根据《国家电网有限公司一线员工供电服务行为规范》，受理用电业务时，"一次性"主动告知客户办理业务需提供的所有资料、办理流程、收费项目和标准，并出具（　　　），避免客户重复往返。

A. 收费项目说明书　　　　　　　　B. 业务办理流程图

C. 业务受理单　　　　　　　　　　D. 业务办理告知书

【知识点、考核点】国家电网有限公司一线员工供电服务行为规范营业窗口服务行为规范。

【答案】D

24. 根据《国家电网有限公司一线员工供电服务行为规范》，不准通过（　　　）业务受理时间、"先勘查后受理"等方式"体外循环"。

A. 提前录入　　　B. 事前录入　　　C. 事后录入　　　D. 延迟录入

【知识点、考核点】国家电网有限公司一线员工供电服务行为规范营业窗口服务行为规范。

【答案】D

25. 根据《国家电网有限公司一线员工供电服务行为规范》，不准对外泄露客户用电申请资料（　　　）等，或未经身份核实提供客户用电信息。

A. 基础信息　　　B. 户号　　　C. 户名　　　D. 身份证信息

【知识点、考核点】国家电网有限公司一线员工供电服务行为规范营业窗口服务行为规范。

【答案】A

26. 根据国家电网营销〔2023〕482 号《国家电网有限公司关于印发一线员工供电服务行为规范的通知》用电检查服务行为规范规定，客户申请变更用电涉及用电类别的，应重点核实（　　），并由客户签字确认。

A. 用电地址　　　　B. 用电容量　　　　C. 现场用电性质　　　D. 供电点

【知识点、考核点】国家电网有限公司一线员工供电服务行为规范用电检查服务行为规范。

【答案】C

27. 根据国家电网营销〔2023〕482 号《国家电网有限公司关于印发一线员工供电服务行为规范的通知》用电检查服务行为规范规定，对于违约用电需中止供电的，应按规定履行审批手续并提前（　　）送达停电通知书，停电前 30min 再次通知客户。

A. 3 天　　　　　　B. 5 天　　　　　　C. 7 天　　　　　　D. 3～7 天

【知识点、考核点】国家电网有限公司一线员工供电服务行为规范用电检查服务行为规范。

【答案】D

28.《供电营业规则》规定，用户单相用电设备总容量不足 10kW 的可采用（　　）V 供电。

A. 低压 110　　　　B. 低压 220　　　　C. 低压 380　　　　D. 低压 1000

【知识点、考核点】供电营业规则。

【答案】B

29.《供电营业规则》规定，供电企业供电的额定频率为（　　）Hz。

A. 交流 60　　　　B. 交流 50　　　　C. 直流 60　　　　D. 直流 50

【知识点、考核点】供电营业规则。

【答案】B

30.《供电营业规则》规定，因抢险救灾需要紧急供电而架设临时电源所需的工程费用和应付的电费，由（　　）负责从救灾经费中拨付。

A. 所在地供电企业　　　　　　　　　B. 地方人民政府有关部门

C. 省级电网企业　　　　　　　　　　D. 电力主管部门

【知识点、考核点】供电营业规则。

【答案】B

31. 根据《国家电网有限公司关于印发供电服务"一件事一次办"工作实施方案的

通知》（国家电网营销〔2023〕150 号），有限公司关于印发供电服务"一件事一次办"工作实施方案的通知》（国家电网营销〔2023〕150 号），（   ）年，全面推广供电服务"一次办""跨省办"，公共服务"一次办"，进一步扩大供电服务"一件事一次办"事项范围。

A. 2021   B. 2022   C. 2023   D. 2024

【知识点、考核点】国家电网有限公司关于印发供电服务"一件事一次办"工作实施方案的通知。

【答案】D

32. 根据国家电网营销〔2023〕482 号《国家电网有限公司关于印发一线员工供电服务行为规范的通知》，发生多户、大面积停电短时无法恢复供电时，应多渠道公告（   ）。

A. 故障原因   B. 抢修进度   C. 现场情况   D. 恢复时间

【知识点、考核点】国家电网有限公司一线员工供电服务行为规范故障抢修服务行为规范。

【答案】B

33. 根据《国家发展改革委国家能源局关于全面提升"获得电力"服务水平持续优化用电营商环境的意见》，供电企业在线获取和验证营业执照、身份证件、不动产登记等用电报装信息，实现居民用户（   ）。

A. 一证受理   B. 刷脸办电   C. 一证办电   D. 一网通办

【知识点、考核点】国家发展改革委国家能源局关于全面提升"获得电力"服务水平持续优化用电营商环境的意见。

【答案】C

34. 供电服务一类过错事项有（   ）项。

A. 10   B. 11   C. 12   D. 13

【知识点、考核点】国网宁夏电力有限公司关于供电服务过错问责的实施意见供电服务过错适用事项经济处罚对照表。

【答案】A

35. 供电服务一类过错事项，对直接责任人予以通报批评，待岗（   ），符合解除劳动合同条件的，解除劳动合同处理。

A. 3 个月   B. 6 个月   C. 半年   D. 1 年

【知识点、考核点】国网宁夏电力有限公司关于供电服务过错问责的实施意见问责事项及标准。

【答案】D

36. 供电服务过程中频繁停电指：客户反映供电公司产权区域经常停电问题，近（ ）个月内停电次数达到（ ）次及以上。

A. 2 2　　　　B. 3 3　　　　C. 2 3　　　　D. 1

【知识点、考核点】国网宁夏电力有限公司关于供电服务过错问责的实施意见供电服务过错适用事项组织处理对照表。

【答案】C

37. 根据《国家电网有限公司一线员工供电服务行为规范》，在故障抢修现场，对客户提出的非故障抢修诉求，应（ ），做好信息收集和上报工作。

A. 积极引导　　B. 认真接待　　C. 耐心解释　　D. 不厌其烦

【知识点、考核点】国家电网有限公司一线员工供电服务行为规范故障抢修服务行为规范。

【答案】C

38. 优化投诉业务判定要点，聚焦基层反映收费类投诉派发存在较大偏差的问题，新增确认收费判定要点，将"客户反映但实际未收取"场景降级为（ ），减少不属实投诉派发。

A. 意见　　　　B. 建议　　　　C. 投诉　　　　D. 其他

【知识点、考核点】国网营销部关于优化 95598 客户服务业务管理有关事项的通知关于 95598 投诉及意见业务规则调整。

【答案】A

39. 95598 投诉及意见业务，对原有意见（建议）业务场景优化重组，按专业管理设置（ ）个一级分类，实现客户诉求与专业管理相匹配，更好地支撑问题溯源分析，服务专业管理提升。

A. 7　　　　　B. 8　　　　　C. 9　　　　　D. 10

【知识点、考核点】国网营销部关于优化 95598 客户服务业务管理有关事项的通知关于 95598 投诉及意见业务规则调整。

【答案】D

40. 优化政策类诉求派发策略。将客户对省级及以上政府政策、公司标准制度不认可等诉求，尽量在客服侧解释办结，客户坚持有异议的，按（ ）派发，减轻基层服务压力。

A. 意见　　　　B. 建议　　　　C. 投诉　　　　D. 其他

【知识点、考核点】国网营销部关于优化 95598 客户服务业务管理有关事项的通知关于 95598 投诉及意见业务规则调整。

【答案】B

41. 除自然灾害类事项由县公司直接发布应用外，将其余重要服务事项报备（　　）调整为市公司供电服务指挥中心审核和专业管理部门，市公司内部两级审核后即可直接发布使用。

A. 省级审核
B. 市公司供电服务指挥中心审核
C. 专业管理部门
D. 职能部门

【知识点、考核点】国网营销部关于优化 95598 客户服务业务管理有关事项的通知关于 95598 重要服务事项报备规则调整。

【答案】A

42. 对于（　　）等属于企业内部生产管理的事项，不再纳入报备范围，引导各级单位更加聚焦计划性工作安排，加强对客户宣传解释，强化各类建设工程管理，切实提高配网运维水平，减轻基层一线报备压力。

A. 电网建设改造　　B. 紧急消缺　　C. 用户工程　　D. 用户内部故障

【知识点、考核点】国网营销部关于优化 95598 客户服务业务管理有关事项的通知关于 95598 重要服务事项报备规则调整。

【答案】A

43. 国网营销部组织对报备情况进行核查，每发现（　　）项虚假报备问题，计为一件投诉，引导各级单位实事求是开展报备。

A. 1
B. 2
C. 3
D. 4

【知识点、考核点】国网营销部关于优化 95598 客户服务业务管理有关事项的通知关于 95598 重要服务事项报备规则调整。

【答案】A

44. 工单回复中未明确答复且经解释安抚后，客户坚持要求反映的，予以退单处理，处理单位在（　　）个工作日内完成诉求处理和再次回复。客户提出与原工单无关的新诉求，按业务规则重新派发非投诉工单。

A. 1
B. 2
C. 3
D. 4

【知识点、考核点】国网营销部关于优化 95598 客户服务业务管理有关事项的通知关于 95598 工单回复和客户回访规则调整。

【答案】C

45. 根据《国家电网有限公司一线员工供电服务行为规范》，故障抢修携带的工器具、材料等配置齐备、摆放有序。现场抢修严格遵守（　　）的要求，一次完成抢修工作。

A. 标准工艺　　B. 相关规定　　C. 安全规程　　D. 现场工作

【知识点、考核点】国家电网有限公司一线员工供电服务行为规范故障抢修服务行为规范。

【答案】A

46. 根据《国家电网有限公司一线员工供电服务行为规范》，开展故障抢修时，做好（   ），摆放醒目的警示牌或设置围栏，防止人身伤亡事故。

A. 抢修准备　　　B. 安全告知　　　C. 安全措施　　　D. 人员安排

【知识点、考核点】国家电网有限公司一线员工供电服务行为规范故障抢修服务行为规范。

【答案】C

47. 根据《国家电网有限公司一线员工供电服务行为规范》，发生多户、大面积停电时，及时发布停电信息，按照故障分级原则，优先处置（   ）、救灾抢险等紧急类事件，如短时无法恢复供电，多渠道公告抢修进度。

A. 危及安全　　　B. 重要用户　　　C. 敏感小区　　　D. 交通枢纽

【知识点、考核点】国家电网有限公司一线员工供电服务行为规范故障抢修服务行为规范。

【答案】A

48. 根据《国家电网有限公司一线员工供电服务行为规范》，故障抢修作业结束后，确保现场做到"工完、料尽、场地清"，并向客户交待有关注意事项，主动（   ）。

A. 介绍抢修情况　　　　　　　B. 解释故障原因

C. 征求客户意见　　　　　　　D. 留下联系方式

【知识点、考核点】国家电网有限公司一线员工供电服务行为规范故障抢修服务行为规范。

【答案】C

二、多选题

1. 根据国家电网营销〔2023〕482 号《国家电网有限公司关于印发一线员工供电服务行为规范的通知》中抄表收费服务行为规范规定，采集抄表过程中，发现（   ）等客户用电异常情况，或有窃电、违约用电嫌疑的，应及时核实处理。

A. 电量突变　　　B. 长期零电量　　　C. 电费突增　　　D. 电表倒转

【知识点、考核点】国家电网有限公司一线员工供电服务行为规范抄表收费服务行为规范。

【答案】AB

2. 根据国家电网营销〔2023〕482 号《国家电网有限公司关于印发一线员工供电服务行为规范的通知》中抄表收费服务行为规范规定，不准人为变更抄表周期、例日或调整采集抄表数据，或出现人为主观因素导致的（   ）等情况。

A.错抄   B. 漏抄   C. 多抄   D. 估抄

【知识点、考核点】国家电网有限公司一线员工供电服务行为规范抄表收费服务行为规范。

【答案】ABD

3. 根据国家电网营销〔2023〕482 号《国家电网有限公司关于印发一线员工供电服务行为规范的通知》，业扩办电服务过程中，不准对外泄露（ ）等办电信息，以及（ ）等商业秘密。

A. 客户用电申请   B. 供电方案   C. 用电设备   D. 工艺流程

【知识点、考核点】国家电网有限公司一线员工供电服务行为规范营业窗口服务行为规范。

【答案】ABCD

4. 根据国家电网营销〔2023〕482 号《国家电网有限公司关于印发一线员工供电服务行为规范的通知》，业扩办电服务过程中，与客户签订供用（购售）电合同及相关协议时，对于（ ）类别等重要条款，要与客户逐条核对确认。

A. 产权分界点   B. 电源点   C. 执行电价   D. 装表位置

【知识点、考核点】国家电网有限公司一线员工供电服务行为规范业扩办电服务行为规范。

【答案】AC

5. 根据国家电网营销〔2023〕482 号《国家电网有限公司关于印发一线员工供电服务行为规范的通知》，关于"营业窗口服务行为规范"严禁触碰红线的原文，收到用户用电申请相关信息后，应（ ）。

A. 主动告知客户办理程序   B. 主动告知服务时限及注意事项

C. 协助客户办理相关手续   D. 审核相应资料是否合格

【知识点、考核点】国家电网有限公司一线员工供电服务行为规范业扩办电服务行为规范。

【答案】ABC

6. 根据国家电网营销〔2023〕482 号《国家电网有限公司关于印发一线员工供电服务行为规范的通知》，制定供电方案时，应严格执行投资界面划分规定，并与客户充分协商，合理确定（ ）等关键事项。

A. 投资金额   B. 电源点   C. 出资方式   D. 装表位置

【知识点、考核点】国家电网有限公司一线员工供电服务行为规范业扩办电服务行为规范。

【答案】BD

7. 根据国家电网营销〔2023〕482 号《国家电网有限公司关于印发一线员工供电服务行为规范的通知》，营业窗口不准扩大业务受理（　　　）。

A. 收资范围

B. 收费标准

C. 提高收资门槛

D. 向客户重复收取已有办电资料

【知识点、考核点】国家电网有限公司一线员工供电服务行为规范营业窗口服务行为规范。

【答案】ACD

8. 根据国家电网营销〔2023〕482 号《国家电网有限公司关于印发一线员工供电服务行为规范的通知》用电检查服务行为规范规定，在配合政府对客户执行行政性停电时，应依据（　　　）以及法律法规规定的其他行政主体出具的正式停电文件，并由政府有关部门人员在场主导实施。

A. 县级以上人民政府

B. 市级以上人民政府

C. 电力管理部门

D. 安全生产监督管理部门

【知识点、考核点】国家电网有限公司一线员工供电服务行为规范用电检查服务行为规范。

【答案】ACD

9. 根据国家电网营销〔2023〕482 号《国家电网有限公司关于印发一线员工供电服务行为规范的通知》，更换电能表后，应（　　　）。

A. 需客户到现场确认

B. 告知客户旧表底度

C. 将客户（物业或居委）签字确认的底度照片上传系统

D. 进行通电试验

【知识点、考核点】国家电网有限公司一线员工供电服务行为规范装表接电服务行为规范。

【答案】BC

10. 供电服务过错问责原则包含（　　　）。

A. 升级处理原则　　B. 就高处理原则　　C. 从重处理原则　　D. 以责处理原则

【知识点、考核点】国网宁夏电力有限公司关于供电服务过错问责的实施意见问责原则。

【答案】ABCD

11. 供电服务二类过错事项包含（　　　）。

A. 有人员责任的频繁停电

B. 有人员责任的抢修超时限

C. 因失职失责造成的低电压治理措施落实不及时、不到位事项。

D. 投诉举报回复造假，刻意隐瞒违规行为

【知识点、考核点】国网宁夏电力有限公司关于供电服务过错问责的实施意见问责事项及标准。

【答案】ABCD

12. 供电服务一类过错事项包含（   ）。

A. 擅自变更客户用电信息、对外泄露客户信息和商业秘密

B. 业扩投资界面执行不到位

C. 违反"三指定"行为红线

D. 对用户无故停电

【知识点、考核点】国网宁夏电力有限公司关于供电服务过错问责的实施意见问责事项及标准。

【答案】ABCD

13. 强调 95598 热线的功能定位是快速准确向一线传递客户诉求，各级单位对（   ）业务分类存有异议的，不再回退国网客服中心。

A. 意见   B. 建议   C. 投诉   D. 其他

【知识点、考核点】国家电网有限公司 95598 客户服务业务管理办法，95598 客户诉求业务管理。

【答案】AC

14. 除自然灾害类事项由县公司直接发布应用外，将其余重要服务事项报备（   ）调整为（   ），市公司内部两级审核后即可直接发布使用。

A. 省级审核   B. 市公司供电服务指挥中心审核

C. 专业管理部门   D. 职能部门

【知识点、考核点】国家电网有限公司 95598 客户服务业务管理办法，95598 重要服务事项报备管理规范。

【答案】ABC

15. 优化报备事项范围，将原（   ）等五类赔偿场景扩展为各类赔偿场景，同时新增施工受阻、信贷纠纷等其他场景。

A. 停电损失   B. 房屋损坏   C. 电器损坏   D. 间接损失

【知识点、考核点】国家电网有限公司 95598 客户服务业务管理办法，95598 重要服务事项报备管理规范。

【答案】AB

16. 将投诉、意见工单回复按照（   ）等通用模块进行结构化设计，实现一线员

工工单回复结构化点选，减少基层工单回复文本内容录入和文字编辑，促进工单回复效率提升，减轻一线工单回复压力。

    A. 客户用电信息   B. 设备信息   C. 调查过程   D. 停电损失

【知识点、考核点】国家电网有限公司 95598 客户服务业务管理办法。

【答案】ABC

17. 95598 投诉中停电投诉包含（　　　）。

    A. 停送电信息公告　B. 停电问题   C. 抢修收费   D. 抢修服务

【知识点、考核点】国家电网有限公司 95598 客户服务业务管理办法供电服务投诉业务处理规范。

【答案】ABCD

18. 95598 投诉中供电质量包含（　　　）。

    A. 电压质量   B. 供电可靠性   C. 三相不平衡   D. 频率

【知识点、考核点】国家电网有限公司 95598 客户服务业务管理办法供电服务投诉业务处理规范。

【答案】AB

19. 市、县供电企业通过企业门户网站、网上国网 App、95598 网站、电力短信及外部媒体等渠道，主动公开（　　　）的停电区域、停电线路、停电起止时间等停电信息，具备发布条件的，可将停电影响具体客户信息细化至高压用户和居住小区，按照国家规定及时公布。

    A. 计划检修停电   B. 临时检修停电   C. 故障停电   D. 用户欠费停电

【知识点、考核点】供电服务信息公开实施方案。

【答案】ABC

20.《供电营业规则》规定，下列哪些情形（　　　），须经批准方可中止供电。

    A. 拖欠电费经通知催交仍不交者   B. 拒不在限期内拆除私增用电容量者

    C. 私自向外转供电力者   D. 不可抗力和紧急避险

【知识点、考核点】供电营业规则。

【答案】ABC

21. 95598 服务支持业务是指通过（　　　）等方式，支撑 95598 客户诉求业务高效规范实施的业务。

    A. 流程管控   B. 知识管理   C. 技术手段   D. 工业用电负荷。

【知识点、考核点】国家电网有限公司 95598 客户服务业务管理办法总则。

【答案】ABC

22. "95598" 客户热线具有（　　　）功能。

A. 受理电力客户业扩报装申请和日常用电业务

B. 受理电力客户紧急服务业务

C. 为电力客户提供快捷、方便的电话咨询服务

D. 受理客户的投诉和举报，进行服务质量的监督

E. 综合查询：电费查询、电量查询、欠费查询及停电信息查询

F. 通过广域网，系统可以跨区域受理客户用电业务

【答案】ABCDEF

23. 地市（区、州）供电公司、县（市、区）供电公司营销管理部门（以下简称"地市、县公司营销管理部门"）是本单位 95598 业务管理及业务支撑的归口管理部门，主要负责以下工作：（　　）。

A. 负责本单位 95598 业务工作质量监督和考核，建立协同处理和闭环整改机制

B. 负责发布本单位 95598 业务相关分析报告，通报本单位供电服务情况

C. 负责本单位营销专业服务风险管控工作

D. 负责组织开展本单位申诉、重要服务事项报备工作

E. 组织本单位 95598 服务支持及信息系统支撑工作

F. 负责本专业范围内营销类停送电信息报送工作的指导、监督、检查和考核

【知识点、考核点】国家电网有限公司 95598 客户服务业务管理办法职责分工。

【答案】ABCDF

24.《国家电网有限公司客户服务业务管理办法》坚持"（　　）"的原则。

A. 精简管理链条　　B. 强化基层赋能　　C. 助力一线减负　　D. 技术手段

【知识点、考核点】国家电网有限公司 95598 客户服务业务管理办法总则。

【答案】ABC

25. 供电质量主要是用（　　）标准来衡量。

A. 供电半径　　　B. 供电电压　　　C. 供电频率　　　D. 供电可靠性

【答案】BCD

26. 供电企业低压供电的额定电压分（　　）等级。

A. 36V　　　　B. 220V　　　　C. 110V　　　　D. 380V

【答案】BD

27. 供电服务投诉是指公司经营区域内（含控股、代管营业区）的电力客户，在（　　）等方面，对由于供电企业责任导致其权益受损表达不满，在法定诉讼时效期限内，要求维护其权益而提出的诉求业务（以下简称"客户投诉"）。

A. 供电服务　　　B. 营业业务　　　C. 停送电　　　D. 供电质量

E. 电网建设

【知识点、考核点】国家电网有限公司 95598 客户服务业务管理办法供电服务投诉业务处理规范。

【答案】ABCDE

28. 电费核算的主要内容有（　　）。

A. 核对抄表户数，清点抄表卡，户数要与卡片的封面记录户数相符

B. 按抄表卡和电费收据逐户核对抄见电量和电费金额等

C. 核对抄表日报各栏数据填写是否齐全、正确（与电费发票的数据是否相符）

D. 做好电费汇总与统计工作，月末应将当月应收电力销售收入汇总无误后上报

【答案】ABCD

29. 客户投诉包括（　　）、电网建设投诉。

A. 服务投诉　　　　B. 营业投诉　　　　C. 停送电投诉　　　　D. 供电质量投诉

【知识点、考核点】国家电网有限公司 95598 客户服务业务管理办法供电服务投诉业务处理规范。

【答案】ABCD

30. 已结清欠费的复电登记业务（　　）内为客户恢复送电，送电后（　　）个工作日内回复工单。

A. 24h　　　　B. 12h　　　　C. 1　　　　D. 2

【答案】AC

三、判断题

1. 无论采用哪种通信方式，都应采用基于数字证书的认证技术及基于国产商用密码算法的加密技术进行安全防护。（　　）

【知识点、考核点】配电自动化系统网络安全防护方案。

【答案】正确

2. 根据国家电网营销〔2023〕482 号《国家电网有限公司关于印发一线员工供电服务行为规范的通知》，收到用户用电申请相关信息后，应主动告知客户办理程序、服务时限及注意事项，协助客户办理相关手续；办理过程中，因第三方原因造成业务办理受阻的，向客户做好解释说明。（　　）

【知识点、考核点】国家电网有限公司一线员工供电服务行为规范业扩办电服务行为规范。

【答案】正确

3. 根据国家电网营销〔2023〕482 号《国家电网有限公司关于印发一线员工供电服务行为规范的通知》，在业扩办电服务过程中，对容缺受理的客户，及时联系客户，告

知客户需补充提交的资料清单，请客户及时将需补充提交的材料送到营业厅。（　　）

【知识点、考核点】国家电网有限公司一线员工供电服务行为规范业扩办电服务行为规范。

【答案】错误

4. 根据《国家电网有限公司一线员工供电服务行为规范》，根据施工进度，协调确定停（送）电计划，优先采取不停电作业的方式完成送电。（　　）

【知识点、考核点】国家电网有限公司一线员工供电服务行为规范业扩办电服务行为规范。

【答案】错误

5. 根据国家电网营销〔2023〕482 号《国家电网有限公司关于印发一线员工供电服务行为规范的通知》，客户使用现金交费时营业窗口无法找零时可拒收，并建议客户通过线上渠道交费。（　　）

【知识点、考核点】国家电网有限公司一线员工供电服务行为规范营业窗口服务行为规范。

【答案】错误

6. 根据国家电网营销〔2023〕482 号《国家电网有限公司关于印发一线员工供电服务行为规范的通知》，营业窗口不准利用个人账户代收客户电费、业务费，或擅自更改收费标准、自立收费项目。（　　）

【知识点、考核点】国家电网有限公司一线员工供电服务行为规范营业窗口服务行为规范。

【答案】正确

7. 根据国家电网营销〔2023〕482 号《国家电网有限公司关于印发一线员工供电服务行为规范的通知》用电检查服务行为规范规定，不准在处理窃电、违约用电过程中，无审批手续对重要客户、敏感民生客户中止供电。（　　）

【知识点、考核点】国家电网有限公司一线员工供电服务行为规范用电检查服务行为规范。

【答案】正确

8. 根据《国家电网有限公司一线员工供电服务行为规范》，对于城中村、大型小区或重要、敏感民生客户自有产权配电设施故障停电的，应第一时间上报相关情况，配合用户做好故障抢修，必要时采取应急保电措施，帮助及时恢复供电。（　　）

【知识点、考核点】国家电网有限公司一线员工供电服务行为规范故障抢修服务行为规范。

【答案】正确

9. 根据《国家电网有限公司一线员工供电服务行为规范》，不准虚报联系客户时间、到达现场时间、抢修完成时间和处理结果等信息。（   ）

【知识点、考核点】国家电网有限公司一线员工供电服务行为规范故障抢修服务行为规范。

【答案】错误

10. 用户单相用电设备总容量 12kW 以下的可以采用低压 220V 供电，但有单台设备容量超过 1kW 的单相电焊机、换流设备时，用户应当采取有效的技术措施以消除对电能质量的影响，否则应当改为其他方式供电。（   ）

【知识点、考核点】供电营业规则（国家发展改革委令第 14 号）。

【答案】正确

11. 用户用电设备总容量 160kW 以下的，必须采用低压三相制供电，特殊情况也可以采用高压供电。（   ）

【知识点、考核点】供电营业规则（国家发展改革委令第 14 号）。

【答案】错误

12. 供电企业应当根据用户重要等级和负荷性质，按照国家及行业标准提供供电电源。用户应当按照国家及行业标准配置自备应急电源，采取非电性质应急安全保护措施。（   ）

【知识点、考核点】供电营业规则（国家发展改革委令第 14 号）。

【答案】正确

13. 新建居住区的固定车位应当按照规定建设充电基础设施或预留安装条件，满足直接装表接电要求。居民自用充电桩用电按照国家相关政策要求及技术标准配置。（   ）

【知识点、考核点】供电营业规则（国家发展改革委令第 14 号）。

【答案】正确

14. 对基建工地、农田水利、市政建设等非永久性用电，可以供给临时电源。临时用电期限一般不得超过二年，如需办理延期的，应当在到期前向供电企业提出申请；逾期不办理延期或永久性正式用电手续的，供电企业应当终止供电。（   ）

【知识点、考核点】供电营业规则（国家发展改革委令第 14 号）。

【答案】正确

15. 转供区域内的用户（简称被转供户），视同供电企业的直供户，与直供户享有同样的用电权利，其一切用电事宜按照直供户的规定办理。（   ）

【知识点、考核点】供电营业规则（国家发展改革委令第 14 号）。

【答案】正确

16. 用户应当将重要负荷与非重要负荷、生产用电与生活区用电分开配电。新装或增加用电的用户应当按照上述规定确定内部的配电方式，对目前尚未达到上述要求的用户应当逐步改造。（　　）

【知识点、考核点】供电营业规则（国家发展改革委令第 14 号）。

【答案】正确

17. 供电企业对已受理的用电申请，应当尽快确定供电方案，高压单电源用户不超过五个工作日，正式书面通知用户。（　　）

【知识点、考核点】供电营业规则（国家发展改革委令第 14 号）。

【答案】错误

18. 高压供电方案的有效期为一年，低压供电方案的有效期为三个月。用户应当在有效期内依据供电方案开工建设受电工程，逾期不开工的，供电方案失效。（　　）

【知识点、考核点】供电营业规则（国家发展改革委令第 14 号）。

【答案】正确

19. 高压供电的用户，减容应当是整台或整组变压器（含不通过受电变压器的高压电动机）的停止或更换小容量变压器用电，根据用户申请的减容日期，对非永久性减容的用户设备进行加封，对永久性减容的用户受电设备拆除电气连接。（　　）

【知识点、考核点】供电营业规则（国家发展改革委令第 14 号）。

【答案】正确

20. 申请非永久性减容的，减容次数不受限制，每次减容时长不得少于十五日，最长不得超过一年；一年内恢复的按照减容恢复办理，超过一年的应当按照新装或增容办理。（　　）

【知识点、考核点】供电营业规则（国家发展改革委令第 14 号）。

【答案】错误

21. 用户申请恢复用电时，容（需）量电费从减容恢复之日起按照恢复后的容（需）量计收；实际减容时长少于十五日的，停用期间容（需）量电费正常收取。（　　）

【知识点、考核点】供电营业规则（国家发展改革委令第 14 号）。

【答案】正确

22. 用户暂换（因受电变压器故障而无相同容量变压器替代，需要临时更换其他容量变压器），应当在更换前向供电企业提出申请。（　　）

【知识点、考核点】供电营业规则（国家发展改革委令第 14 号）。

【答案】正确

23. 抢修到达现场后恢复供电平均时限应符合：城区范围一般为 2h，农村地区一般为 4h。（　　）

【知识点、考核点】国家电网办〔2022〕336号 国家电网有限公司关于修订供电服务"十项承诺"。

【答案】错误

24. 已结清欠费的复电登记业务12h内为客户恢复送电，送电后1个工作日内回复工单。（ ）

【知识点、考核点】工单管理。

【答案】正确

25. 三类过错问责标准：直接责任人经济处罚1000元。（ ）

【知识点、考核点】国网宁夏电力有限公司关于供电服务过错问责的实施意见供电服务过错适用事项经济处罚对照表。

【答案】错误

26. 客户反映因供电公司供电质量问题引起客户非家用电器损坏，客户对赔偿的规章制度、规定和处理结果不满意的情况派发投诉工单。（ ）

【知识点、考核点】95588客户服务。

【答案】正确

27. 根据《国家电网有限公司一线员工供电服务行为规范》，故障抢修服务行为规范规定，抢修人员下班后可以承揽客户产权设施安装、调试、运维等业务。（ ）

【知识点、考核点】国家电网有限公司一线员工供电服务行为规范故障抢修服务行为规范。

【答案】错误

28. 根据《国家电网有限公司一线员工供电服务行为规范》，严格履行"两告知一回复"要求，在接到故障报修信息、到达现场、结束抢修后，5min内联系客户，并实时告知客户处理进度。（ ）

【知识点、考核点】国家电网有限公司一线员工供电服务行为规范故障抢修服务行为规范。

【答案】错误

29. 按照《国家电网公司一线员工供电服务行为规范》中规定的理解：为了保障电费指标完成，基层单位可根据实际情况垫付电费，但在垫付电费后系统显示客户缴费正常状态下，不得对客户实施欠费停电。（ ）

【知识点、考核点】国家电网有限公司一线员工供电服务行为规范抄表收费服务行为规范。

【答案】错误

30. 违反"三指定"行为红线，是二类过错事项。（ ）

【知识点、考核点】国网宁夏电力有限公司关于供电服务过错问责的实施意见供电服务过错适用事项经济处罚对照表。

【答案】错误

四、简答题

1. 系统电压过高对变压器和用户设备有什么影响？

【知识点、考核点】系统电压过高的影响。

【答案】

（1）系统电压过高时将导致变压器的励磁电流增大，从而使变压器铁芯损耗增大而过热，并使变压器的有功功率降低。

（2）电压过高，将使变压器和用户设备绝缘受到损害，甚至被击穿。

（3）电压过高，变压器磁通增大，会使铁芯饱和，从而使电压和磁通的波形发生畸变，高次谐波分量也随之增大，进而引起用户电流波形畸变，增加电机和线路的附加损耗。

（4）系统电压过高会引发系统产生谐波共振，导致电气设备的绝缘损坏，产生的高次谐波会干扰附近的通信线路。

2. 营业窗口服务规范性核查主要包括哪些内容？

【知识点、考核点】营业窗口服务规范性核查。

【答案】

营业窗口服务规范性核查主要包括营业时间监控、服务环境监控、行为规范监控、仪容仪表监控四个部分。具体内容如下：

（1）营业时间监控。重点核查营业窗口工作人员不按时上岗、提前下班、营业时间无人值班等营业时间不规范问题。

（2）服务环境监控。重点核查营业窗口环境卫生、服务设施定置不规范问题。

（3）行为规范监控。重点核查营业窗口工作人员是否存在睡觉、聊天、抽烟、吃零食、长时间操作个人电子设备及离岗不摆放"暂停服务"标识牌等行为不规范的问题。

（4）仪容仪表监控。重点核查营业窗口工作人员是否穿着统一工装、发型发式是否符合规范要求等。

3. 配电网设备异常管控的内容是什么？

【知识点、考核点】配电网设备异常管控内容。

【答案】

（1）供电服务指挥中心开展异常监视。

（2）供电服务指挥中心下派工单。

（3）责任部门进行现场处置。

（4）供电服务指挥中心跟踪处置进度。

（5）供电服务指挥中心对异常进行督办。

（6）责任部门对进行信息反馈。

（7）供电服务指挥中心进行分析评价。

4. 配电网设备定期巡视周期是什么？

【知识点、考核点】配电网设备定期巡视周期。

【答案】

架空线路通道市区 1 个月 1 次、郊区及农村 1 季度 1 次，电缆线路通道 1 个月 1 次；架空线路、柱上开关设备、柱上变压器、柱上电容器市区 1 个月 1 次、郊区及农村 1 季度 1 次，电缆线路 1 季度 1 次，中压开关站、环网单元 1 季度 1 次，配电室、箱式变电站 1 季度 1 次，防雷与接地装置、配电终端、直流电源等巡视周期与主设备相同。

5. 国家及公司总部、国网客服中心、省公司、地市、县供电企业范围的知识有哪些？

【知识点、考核点】国家及公司总部、国网客服中心、省公司、地市、县供电企业范围的知识。

【答案】

（1）国家及公司总部范围：全国性的法律法规、政策文件、业务标准、技术规范、服务承诺等。

（2）国网客服中心范围：国网客服中心制定的服务规范、作业指导书、操作手册、标准话术、95598 客户服务中的经验总结等。

（3）省公司范围：全省范围的政策法规、文件制度、业务标准、技术规范、特色服务、电网建设等。

（4）地市、县供电企业范围：市及县范围的政策文件、业务标准、技术规范、营销服务、电网建设等。

6. 供电服务指挥中心配电网运营管理分析工作的内容是什么？

【知识点、考核点】运营管理分析工作的内容。

【答案】

针对配电网运维检修工作的进展、重要节点、关键环节进行多维度管控，跟踪分析业务全过程，结合区域环境、配电网设备状态、配电网运维定员数量等因素，分析与评价运检作业工时、成本、成效，辅助提升配电网运维管理效益。负责管辖范围内电网资源可开放容量的分析计算，组织建立电网资源负面清单，督导开展电网受限项目改造。

7. 供电服务指挥中心运行环境风险评估和预警工作的内容是什么？

【知识点、考核点】运行环境风险评估和预警工作的内容。

【答案】

支撑专业部门根据配电网历史运行数据，结合季节、气象情况，应用大数据分析技术，对配电设备现场风险（低洼、防汛滞洪、雷区、污区、鸟害、鱼池、重要交跨、山火、线下违章、外力隐患点、树害等）进行评估，发布相关的评估报告及预警，开展差异化运维工作。

8. 供电可靠性分析的主要内容是什么？

【知识点、考核点】供电可靠性分析的主要内容。

【答案】

（1）指标完成情况。包括基础数据、运行数据和主要关键指标完成情况。应重点分析的可靠性指标：上级下达的可靠性目标完成情况、供电可靠率指标、系统平均停电时间指标、故障停电指标、预安排停电指标。

（2）影响指标的因素。如计划停电分析、故障停电分析、重复性停电情况分析、带电作业分析等，通过对责任原因的比较分析，找出供电可靠性指标的变动趋势，并对异常情况进行重点分析。

（3）管理工作及电网和设备的薄弱点分析。

（4）改进措施及其效果分析（包括上一次分析措施落实效果）。

9. 110、35、10kV、380/220V 电压等级的供电电压允许偏差值分别是多少？

【知识点、考核点】供电电压允许偏差值。

【答案】

（1）110kV 供电电压正负偏差的绝对值之和不超过标称电压的 10%。

（2）35kV 供电电压正负偏差的绝对值之和不超过标称电压的 10%。

（3）10kV 供电电压允许偏差为标称电压的 ±7%。

（4）380/220V 供电电压允许偏差为标称电压的 10%～＋7%。

10. 提高配电网供电可靠性的措施有哪些？

【知识点、考核点】提高配电网供电可靠性的措施。

【答案】

（1）改善配电网络结构。

（2）逐步对设备实行状态检修。

（3）开展带电作业。

（4）实现配电自动化，在发生故障时，快速隔离故障段，使非故障段导入其他线路，恢复供电。

（5）发展临时发电车、临时变电站供电等辅助设施。

11. 配电网的电压调节方式主要有哪些？

【知识点、考核点】配电网的电压调节方式。

【答案】

配电网应有足够的电压调节能力，将电压维持在规定范围内。

主要有下列方式：

（1）通过配置无功补偿装置进行电压调节。

（2）选用有载或无载调压变压器，通过改变分接头进行电压调节。

（3）通过线路调压器进行电压调节。

12. 配电网线路过负荷运行有何影响？

【知识点、考核点】配电网线路过负荷运行的影响。

【答案】

配电网线路过负荷运行，有下述不利影响：

（1）超过过电流保护允许电流，有可能保护误动。

（2）电流互感器一次最大负荷不得超过 1.2 倍额定电流，否则会使电流互感器铁芯和绕组过热，绝缘老化，甚至烧坏电流互感器。

（3）造成线路烧断、接头发热、弧垂过大。

13. 供电系统用户供电可靠性主要指标有哪些？

【知识点、考核点】供电系统用户供电可靠性主要指标。

【答案】

（1）用户平均停电时间。

（2）供电可靠率。

（3）用户平均停电次数。

（4）用户平均故障停电次数。

（5）用户平均预安排停电次数。

（6）系统停电等效小时数。

14. 在供电系统可靠性统计中，停电性质分类有哪些？

【知识点、考核点】供电系统可靠性统计中的停电性质分类。

【答案】

（1）按停电性质分为故障停电和预安排停电两类。

（2）故障停电分为内部故障停电和外部故障停电两类。

（3）预安排停电分为计划停电、临时停电和限电三类。

（4）计划停电分为检修停电、施工停电和用户申请停电三类。

（5）临时停电分为临时检修停电、临时施工停电和用户临时申请停电三类。

（6）限电分为系统电源不足限电和供电网限电两类。

15. 什么是分布式电源并网点、电源的接入点、电源的公共连接点？

【知识点、考核点】 分布式电源并网点、电源的接入点、电源的公共连接点的定义。

【答案】

（1）分布式电源的并网点：对于有升压站的分布式电源，并网点为分布式电源升压站高压侧母线或节点；对于无升压站的分布式电源，并网点为分布式电源的输出汇总点。

（2）分布式电源的接入点：指电源接入电网的连接处，该电网既可能是公共电网，也可能是用户电网。

（3）分布式电源的公共连接点：指用户系统（发电或用电）接入公用电网的连接处。

16. 什么是分布式电源？

【知识点、考核点】 分布式电源的定义。

【答案】

分布式电源是指位于用户附近，所发电能就地利用，以 10kV 及以下电压等级接入电网，且单个并网点总装机容量不超过 6MW 的发电项目，包括太阳能、天然气、生物质能、风能、地热能、海洋能、资源综合利用发电等类型。

17. 简述电力系统负荷调整的目的。

【知识点、考核点】 电力系统负荷调整的目的。

【答案】

（1）节约国家对电力工业的基建投资。

（2）提高发电设备的热效率，减少燃料消耗，降低发电成本。

（3）充分利用水利效率，使之不发生弃水状况。

（4）增加电力系统运行的安全稳定性，提高供电质量。

（5）有利于电力设备的检修工作。

18. 供电服务指挥系统的定位是什么？

【知识点、考核点】 供电服务指挥系统的定位。

【答案】

供电服务指挥系统以提升供电可靠性和客户满意度为目标，基于配电网大数据，利用大数据深度挖掘与人工智能技术，实现配电网的全景展示、透明管控、精准研判、问题诊断、智能决策、协同指挥、过程督办、绩效评估的闭环管理，服务于各专业、各层级配电专业人员。供电服务指挥平台对外是以客户为导向的供电服务统一指挥机构，对内是以可靠供电为中心的配电运营协同指挥平台，在营销、运检、调控的专业指导下，负责开展统一指挥、协调督办、过程管控、监控预警、分析评价等工作，实行 7 × 24h 全天候服务管控和服务响应。

19. 简述供电服务指挥中心（配电网调控中心）的主要职责。

【知识点、考核点】供电服务指挥中心（配电网调控中心）的主要职责。

【答案】

供电服务指挥中心（配电网调控中心）作为营配调职能管理部门的支撑机构，主要承担配电网调度控制运行值班、配电运营管控、客户服务指挥、服务质量监督、营配调技术支持等职责及业务。

20. 配电网设备带电检测包括哪些内容？带电检测管控的任务是什么？

【知识点、考核点】配电网设备带电检测。

【答案】

配电网设备带电检测主要包括 10kV（20kV）架空线路、配电变压器和柱上开关设备的红外热成像检测；10kV（20kV）环网柜、开关柜的暂态地电压和超声波局部放电检测。

配电网设备带电检测管控是指对配电线路及设备周期带电检测、特殊带电检测的计划完整性、计划执行情况等环节进行检查、督办。

21. 配电网停电检修的配额管控是什么？

【知识点、考核点】配电网停电检修的配额管控。

【答案】

配电网停电检修计划实行年度配额管控。省公司每年 1 月中旬下发各单位年度内每月城市、农村停电时户数限额，省公司层面对停电时户数实行季度管控，市县公司层面实行月度管控。

22. 配电网中架空线路的"环网式"接线形式有何特点？典型结构有哪些？

【知识点、考核点】配电网中架空线路的"环网式"接线形式的特点及典型结构。

【答案】

架空线路"环网式"接线形式的特点：结构清晰，运行较为灵活，可靠性较高，具有一定的负荷转移功能。正常运行时，每条线路最大负荷一般为该线路允许载流量的1/2，线路投资将比单电源"放射式"接线有所增加。主要适用于电网建设阶段架空线路网络接线模式，具有一定的供电可靠性。

23. 保证配电网线路负荷和供电节点均衡有哪些要求？

【知识点、考核点】保证配电网线路负荷和供电节点均衡的要求。

【答案】

保证配电网线路负荷和供电节点均衡的要求有：

（1）及时调整配电网运行方式，使各相关联络线路的负荷分配基本平衡，且满足线路安全载流量的要求，线路运行电流应充分考虑转移负荷裕度要求。

（2）单条线路所带的配电站或开关站数量应基本均衡，避免主干线路供电节点过多，保证线路供电半径最优。

24. 10kV 线路供电半径应满足什么要求？

【知识点、考核点】10kV 线路供电半径应满足的要求。

【答案】

10kV 线路供电半径应满足末段电压质量的要求。原则上 A+、A、B 类供电区域供电半径不宜超过 3km；C 类不宜超过 5km；D 类不宜超过 15km；E 类供电区域供电半径应根据需要经计算确定。

25. 影响配电网电压的主要因素有哪些？主要调压手段是什么？

【知识点、考核点】影响配电网电压的主要因素及主要调压手段。

【答案】

影响电压的因素有以下几个方面：

（1）由于生产、生活、气象等因素引起的负荷变化。

（2）无功补偿容量的变化。

（3）配电网运行方式的改变引起的功率分布和网络阻抗变化。

主要的调压手段如下：

（1）通过配置无功补偿装置进行电压调节。

（2）选用有载或无载调压变压器，通过改变分接头进行电压调节。

（3）通过线路调压器进行电压调节。

26. 供电服务指挥中心营配调数据质量稽查及管控工作的内容是什么？

【知识点、考核点】供电服务指挥中心营配调数据质量稽查及管控工作的内容。

【答案】

针对营配调基础数据质量，监测配电网调度控制、停电分析到户、故障主动研判及服务指挥过程中发现的设备台账错误、拓扑关系错误、设备参数错误、采集数据错误等情况，接受国网客服中心派发营配基础数据校核工单，发送稽查工单至相关部门、班组进行闭环处理与整改督办。建立营配调基础数据质量验证机制，持续改善营配调基础数据质量。

27. 低压网格划分的原则是什么？

【知识点、考核点】低压网格划分的原则。

【答案】

低压网格划分的原则是结合区域电网发展水平、地理环境差异、客户密度分布、设备健康状况、历史抢修强度和交通拥堵状况等因素，本着"界限清晰、责任明确、快速抢修、主动服务"的原则，以公用变压器台区为基础单元，以一个或若干个街道（社区）为服务单元，兼顾客户数量、面积和路径，同时参照社会行政网格，合理划分低压服务网格。

28. 对外停限电通知客户时，供电企业应做到哪些要求？

【知识点、考核点】对外停限电通知客户时供电企业应做到的要求。

【答案】

（1）因供电设施计划检修需要停电的，应提前 7 日公告停电区域、停电线路、停电时间。

（2）因供电设施临时检修需要停电的，应提前 24h 公告停电区域、停电线路、停电时间。

（3）因电网发生故障或电力供需紧张等原因需要停电、限电的，应按照所在地人民政府批准的有序用电方案或者事故应急处置方案执行。

29. 在 A、B、C 三级营业窗口内明显位置应至少公布哪些内容？

【知识点、考核点】营业窗口公布的内容。

【答案】

（1）高压业扩报装业务办理流程图。

（2）低压业扩报装及分布式电源业务办理流程图。

（3）高可靠性供电费和临时接电费收费标准。

（4）各单位现行电价表。

（5）国家电网有限公司供电服务"十项承诺"、员工服务"十个不准"。

（6）供电营业窗口服务人员监督台。

30. 对营业窗口暂时停办业务时服务规范有哪些要求？

【知识点、考核点】营业窗口暂时停办业务时服务规范的要求。

【答案】

当有特殊情况必须暂时停办业务离开柜台时，应先办完正在处理中的客户业务，并向最近的等候者表示歉意，然后将"暂停服务"的指示牌正面朝向客户放在柜台上，方可离开柜台。不允许出现未放置"暂停服务"指示牌离开柜台的行为，暂停服务窗口数量一般不超过当值营业窗口的 50%。

当特殊情况处理结束，营业窗口服务人员回到工位时将"暂停服务"指示牌取下后，开始继续营业。

31. 什么是智能配电变压器终端？

【知识点、考核点】智能配电变压器终端。

【答案】

集供用电信息采集、设备运行状态监测、智能控制与通信等功能于一体的二次设备（以下称终端），根据功能及适用范围不同，可分为简易型和标准型，简易型智能配电变压器终端不具备交流采样能力，通过 RS-485、以太网等通信方式与集中器通信实现配电变压器监测功能，适用于安装具备交流采样功能集中器的配电台区；标准型智能配电变压器终端具备交流采样能力。

32. 供电可靠性分析的主要内容是什么？

【知识点、考核点】供电可靠性分析的主要内容。

【答案】

（1）指标完成情况。包括基础数据、运行数据和主要关键指标完成情况。应重点分析的可靠性指标：上级下达的可靠性目标完成情况、供电可靠率指标、系统平均停电时间指标、故障停电指标、预安排停电指标。

（2）影响指标的因素。如计划停电分析、故障停电分析、重复性停电情况分析、带电作业分析等，通过对责任原因的比较分析，找出供电可靠性指标的变动趋势，并对异常情况进行重点分析。

（3）管理工作及电网和设备的薄弱点分析。

（4）改进措施及其效果分析（包括上一次分析措施落实效果）。

33. 按照《电力可靠性监督管理办法》的规定，电力企业有以下哪些行为，将依法追究责任？

【知识点、考核点】《电力可靠性监督管理办法》。

【答案】

（1）虚报、瞒报电力可靠性信息的。

（2）伪造、篡改电力可靠性信息的。

（3）拒绝或者屡次迟报电力可靠性信息的。

（4）拒绝或者阻碍电力监管机构及其工作人员依法进行检查、核查的。

34. 电力系统中高次谐波有什么危害？

【知识点、考核点】电力系统中高次谐波的危害。

【答案】

（1）可能引起电力系统内的共振现象。

（2）电容器与电抗器的过热与损坏。

（3）同步电机或异步电机的转子过热、振动。

（4）继电器保护装置误动。

（5）计量装置不准确及产生通信干扰等。

35. 为什么要开展均负荷工作？

【知识点、考核点】均负荷工作。

【答案】

均负荷工作是变压器运行工作中重要工作之一，当三相负荷不平衡时，往往造成：

（1）三相电压不平衡，使供电质量降低。

（2）不能充分发挥变压器容量以及增大调整、更换变压器的工作量，使经济效益降低。

（3）零线电流增大，超出规程规定数值，当零线发生断线后，中性点电位偏移较大，造成用电设备烧毁事故。

（4）由于不平衡电流的作用，线损增大。

36. 什么是电网的备用容量？

【知识点、考核点】电网的备用容量。

【答案】

电网的备用容量指电网为在设备检修、事故、调频等情况下仍能保证电力供应而设的备用容量。电网中电源容量大于发电负荷的部分称为电网电源备用容量。应留有用电负荷备用，要求日计划安排任何时刻发电机组必须都有一定下调容量。一般把电源备用称为正备用，而把用电负荷备用称为负备用。

37. 市公司电网运行中哪些情况需发布风险预警？

【知识点、考核点】地市公司电网运行中需发布风险预警的情况。

【答案】

（1）地调管辖设备停电期间再发生 N_1 故障，可能导致六级以上电网安全事件。

（2）设备停电造成地市内 220kV（含 330kV）变电站改为单台主变压器、单母线运行。

（3）地市内 220kV（含 330kV）主设备存在缺陷或隐患不能退出运行。

（4）跨越施工等原因可能造成电气化铁路停运。

（5）二级以上重要客户供电安全存在隐患。

38. 配电网线路过负荷运行有何影响？应采取什么措施？

【知识点、考核点】配电网线路过负荷运行的影响及措施。

【答案】

配电网线路过负荷运行，有下述不利影响：

（1）超过过电流保护允许电流，有可能保护误动。

（2）电流互感器一次最大负荷不得超过 1.2 倍额定电流，否则会使电流互感器铁芯和绕组过热，绝缘老化，甚至烧坏电流互感器。

（3）造成线路烧断、接头发热、弧垂过大。

可采取以下措施限制线路过负荷：

（1）改变系统运行方式，减少超载线路潮流。

（2）调整有关电厂出力。

（3）在线路受端进行限电或拉电。

39. 抢修指挥中心（95598 远程）工作要求是什么？

【知识点、考核点】配网故障抢修管理细则。

【答案】

（1）承接调度指令和配网抢修管控模块报修工单，组织指挥配电网故障抢修工作。

（2）配网抢修指挥中心在 PMS3.0 系统中接到抢修工单后，在 3min 内完成系统中"抢修接单"环节，并通过手持 PDA、电话等方式将工单派发至相应抢修班组。

（3）抢修班组到达现场后，在手持 PDA 中维护到达现场时间、故障查勘情况、故障原因、预计恢复时间等信息。配网抢修指挥员根据故障影响停电范围，在配网抢修管控系统内维护相应的故障停电信息。

（4）负责故障抢修指挥工作和抢修资源调配，包括各级抢修梯队，指挥现场抢修人员工作，复杂故障及时通知抢修第二梯队进行处理。及时联系抢修班组了解处理时间过长故障，控制工单处理时间，原则上 48h 内完成故障工单回复。

（5）现场故障处理完毕后，抢修班组在手持 PDA 上维护工单处理情况，配网抢修指挥员及时进行回复内容规范性、完整性的审核，并提交至国网客服中心。

40. 抢修班组工作要求中，抢修班组严格执行拨打"三个电话"制度具体是指？

【知识点、考核点】配网故障抢修管理细则。

【答案】

抢修班组在接到 95598 抢修工单（包括合并工单）后，应在 3min 内与客户建立联系；在未能及时到达现场，拨打"第二个电话"告知用户原因并安抚其焦虑情绪；在故障处理完毕后，拨打"第三个电话"联系客户确认故障是否已排除，告知客户故障原因、设备产权归属等相关事宜，确保客户知晓抢修结果（包括合并工单）。

41. 配网运维应有明确的设备运行责任分界点，配网与变电、营销、用户管理之间界限应划分清晰，避免出现空白点（区段），进行分界的原则是什么？

【答案】

（1）电缆出线：以变电站出线开关柜内电缆终端为分界点，电缆终端（含连接螺栓）及电缆属配网运维。

（2）架空线路出线：以门型架耐张线夹外侧 1m 为分界点。

（3）低压配电线路：以表箱为分界点，表箱前所辖线路属配网运维。

42. 95598 停送电信息报送的填写内容主要包括哪些？

【知识点、考核点】配网故障抢修管理细则。

【答案】

供电单位、停电类型、停电区域、停电范围、停电信息状态、停电计划时间、停电原因、现场送电类型、停送电变更时间、现场送电时间、公布渠道等信息。

43. 抢修责任分界点是如何划分的？

【知识点、考核点】配网故障抢修管理细则。

【答案】

（1）根据《居民生活供用电合同》，电表出线后为用户资产，但为提高优质服务水平，居民表后故障的抢修范围可延伸至用户入户处，即从电表出线端至居民内部空开（插开）前均为电力抢修范围。

（2）对于抢修范围内的故障，抢修人员不得以表后故障为由推诿，不得引发用户不满意或投诉事件。抢修人员可以与用户协商自行联系有资质的电工处置；若用户要求电力部门处置，抢修人员必需协助用户处理。如果确实无法处理，需汇报抢修指挥中心值班领导同意。

（3）表后故障抢修流程：① 抢修人员现场查明为表后故障后，根据供电公司与用户的设备产权分界点告知用户产权归属；② 抢修人员建议用户自行处理或协助用户处理；③ 抢修人员填写电力用户产权设备故障告知单。

44. 配电网巡视的分类是怎么划分的？

【知识点、考核点】配电网运行规程。

【答案】

（1）定期巡视：由配电网运行人员进行，以掌握设备设施的运行状况、运行环境变化情况为目的。

（2）及时发现缺陷和威胁配电网安全运行情况的巡视。

（3）特殊巡视：在有外力破坏可能、恶劣气象条件（如大风、暴雨、覆冰、高温等）、重要保电任务。设备带缺陷运行或其他特殊情况下由运行单位组织对设备进行的全部或部分巡视。

（4）夜间巡视：在负荷高峰或雾天的夜间由运行单位组织进行，主要检查连接点有无过热、打火现象，绝缘子表面有无闪络等的巡视。

（5）故障巡视：由运行单位组织进行，以查明线路发生故障的地点和原因为目的的巡视；监察巡视：由管理人员组织进行的巡视工作，了解线路及设备状况，检查、指导巡视人员的工作。

45. 遇有哪些情况，应适时增加巡视次数或重点特巡？

【知识点、考核点】配电运维管理规定。

【答案】

（1）设备重、过载或负荷有显著增加时。

（2）设备检修或改变运行方式后，重新投入系统运行或新安装设备的投运。

（3）根据检修或试验情况，有薄弱环节或可能造成缺陷。

（4）设备存在严重缺陷或缺陷有所发展时。

（5）存在外力破坏或在恶劣气象条件下可能影响安全运行的情况。

（6）重要保供电任务期间。

（7）其他电网安全稳定有特殊运行要求时。

46. 设备动态评价包含哪些内容？

【知识点、考核点】配电运维管理规定。

【答案】

新设备首次评价、缺陷评价、不良工况评价、检修评价、家族缺陷评价、特殊时期专项评价等工作。

47. 配网故障抢修管理的工作流程是什么？

【知识点、考核点】国家宁夏电力公司配网故障抢修管理细则。

【答案】

（1）故障告知：调度/抢修指挥中心通过配网值班调度员指令、95598 报修工单或 PMS 系统抢修模块的故障自动告警信息获得故障发生信息。

（2）故障研判：调度/配网抢修指挥中心初判故障范围和设备，并通知抢修班组到达现场。抢修班组对故障进行现场判断，并向配网抢修指挥中心汇报到达时间、故障原因及预计恢复时间。

（3）故障隔离：抢修班组查明故障原因后，应尽快隔离故障。属调度管辖的设备，需调度值班员下达指令，抢修班组方可进行倒闸操作，隔离故障。

（4）许可工作：抢修班组应根据有关规定履行许可手续。

（5）故障处理：抢修班组依据有关规定处理故障。简单故障由抢修第一梯队直接进行处理，配网大型故障抢修由配网抢修指挥人员通知抢修第二梯队进行处理。

（6）汇报结果、恢复送电：故障处理完毕后，抢修班组向调度/配网抢修指挥中心汇报工作完毕情况。对于调度管辖的设备，需调度下达指令，抢修班组进行恢复送电操作。

（7）工单回复：抢修工作完成后由抢修班组填写故障处理情况，由配网抢修指挥中心指挥员对工单回复内容进行审核，确认无误后进行提交，如对工单填写内容产生疑问时，及时联系抢修班组核实。

48. 电力设施的产权分界点是怎么划分的？

【知识点、考核点】国家宁夏电力公司配网故障抢修管理细则。

【答案】

（1）公用低压线路供电的，以供电接户线用户端最后支持物为分界点，支持物属供电企业。

（2）10kV 及以下公用高压线路供电的，以用户厂界外或配电室前的第一断路器或第一支持物接火点引流线以下 200mm 处为分界点，第一断路器或第一支持物接火点引流线 200mm 处以上属供电企业（产生异议时，以双方签订的供用电合同为主）。

（3）35kV 及以上公用高压线路供电的，以用户厂界外或用户变电站外第一基电杆为分界点。第一基电杆属供电企业（产生异议时，以双方签订的供用电合同为主）。

（4）采用电缆供电的，本着便于维护管理的原则，分界点由供电企业与用户协商确定（产生异议时，以双方签订的供用电合同为主）。

（5）产权属于用户且由用户运行维护的线路，以公用线路分支杆或专用线路接引的公用变电站外第一基电杆为分界点，专用线路第一基电杆属用户（产生异议时，以双方签订的供用电合同为主）。

五、论述题

1. 营业窗口实时监控过程中发现的哪些服务异常为"重要事项"？如何处置？

【知识点、考核点】营业窗口实时监控的"重要事项"。

【答案】

符合下列情形之一，列为重要事项：

（1）营业时间出现空岗情况 10min 以上。

（2）未根据公布的营业时间做好营业服务工作，出现未按时开门、提前关门情况。

（3）工作人员与客户发生严重肢体争执。

（4）其他经认定的重要事项。

监控发现的问题通过工单处置和短信处置两种形式进行处理。

（1）工单处置：针对监控过程中发现的服务不规范及视频监控设备状态问题，监控组立即通过截屏等方式进行取证。

（2）短信处置：向责任单位分管领导、营销部主任、优质服务专工等相关人员发送督办短信，同时报告公司营销部。在短信发送成功 1h 后，再次查看问题营业厅的整改情况，如仍未整改，须按原发送范围再次发送短信进行督办，并记为重复不规范问题。

2. 电压管理主要内容是什么？

【知识点、考核点】电压管理主要内容。

【答案】

（1）配电运行人员应掌握配电网络中高压线路和低压台区的电压质量情况，运行部门要采取技术措施，为高供电电压质量而努力。

（2）供电公司供用户受电端（产权分界点）的电压变动幅度应不超过受电设备（器

具）额定电压的下列指标范围。20kV 及以下三相供电电压允许偏差为标称电压的±7%，220V 单相供电电压允许偏差为标称电压的 +7%、10%。

（3）配电线路的电压损失，高压不应超过 5%，低压不应超过 4%。

（4）低压网络每个台区的首、末端每年至少测量电压一次。

（5）有下列情况之一者，应测量电压：

1）投入较大负荷；

2）用户侧电压不正常；

3）三相电压不平衡，烧坏用电设备（器具）；

4）更换或新装变压器；

5）调整变压器分接头。

3. 坚持以客户为中心提升优质服务水平的重点任务是什么？

【知识点、考核点】坚持以客户为中心提升优质服务水平的重点任务。

【答案】

（1）大力实施八大服务工程，努力夯实服务民生之本。

（2）服务电力市场化发展，有效释放改革红利。

（3）深化"互联网 + 营销服务"，拓展服务新模式。

（4）开拓能源服务新业态，满足客户多元化用能需求。

（5）有效解决服务短板，持续提升客户体验。

（6）构建供电服务新体系，为提升服务水平注入活力。

4. 配电网有哪些特点？

【知识点、考核点】配电网的特点。

【答案】

（1）供电线路长，分布面积广。

（2）发展速度快，用户对供电质量要求高。

（3）对经济发展较好地区配电网设计标准要求高，供电可靠性要求较高。

（4）负荷季节性强。

（5）调度灵活性、运行供电连续性和经济性。

（6）随着配电网自动化水平的提高，对供电管理水平的要求越来越高。

（7）对于有分布式电源接入的配电网，其网络结构也随之发生变化。

5. 供电服务指挥系统的定位是什么？

【知识点、考核点】供电服务指挥系统的定位。

【答案】

供电服务指挥系统以提升供电可靠性和客户满意度为目标，基于配电网大数据，利用大数据深度挖掘与人工智能技术，实现配电网的全景展示、透明管控、精准研判、问题诊断、智能决策、协同指挥、过程督办、绩效评估的闭环管理，服务于各专业、各层级配电专业人员。供电服务指挥平台对外是以客户为导向的供电服务统一指挥机构，对内是以可靠供电为中心的配电运营协同指挥平台，在营销、运检、调控的专业指导下，负责开展统一指挥、协调督办、过程管控、监控预警、分析评价等工作，实行 7×24h 全天候服务管控和服务响应。

6. 供电服务指挥体系队伍建设的要求是什么？

【知识点、考核点】 供电服务指挥体系队伍建设的要求。

【答案】

抓住纳入配电网调控与新增配电自动化运维业务的契机，突出新形态、新业务下的人才队伍建设，培养专业化复合型人才，研究建立健全团队激励与考核、员工发展等机制，分类制定岗位绩效评价标准，促进人员工作效率和质量的提升。做好业务组织和人员、班组管理，落实各项业务规范和工作标准；完善指挥中心和业务班组相关的规章制度、严格管控服务过程质量，提出绩效考核建议，支撑运检、营销、调控的专业管理。

7. 停电计划管控机制是什么？

【知识点、考核点】 停电计划管控机制。

【答案】

各单位建立基于供电可靠性、市县一体的配电网停电检修计划分级管控机制，优化停电检修计划提报、执行、监督流程，将供电可靠性贯穿到配电网停电检修计划的全过程管控。市公司供电服务指挥中心（配网调控中心）、县公司电力调度控制分中心按照月度城市、农村停电时户数限额，统筹预安排停电检修计划，每周、月对停电检修计划进行过程监控，对计划调整情况和供电可靠性（停电时户数）完成情况进行统计分析，实行时户数动态跟踪预控。

8. 服务质量监督的主要内容和工作要求是什么？

【知识点、考核点】 服务质量监督的主要内容和工作要求。

【答案】

服务质量监督可分为两部分：一是加强服务过程管控，建立专业协同，闭环管控机制，强化供电服务过程中规范执行、协同处理、服务质量、数据质量、典型差错和信息安全等过程指标的监测、监督、预警，编制分析报告，反馈专业部门，督促专业整改，不断规范服务行为，提高客户满意度。开展营业厅视频监控和预警，提高实时服务风险防范水平。加强业扩服务时限达标率、95598 工单处理及时率、客户服务满意率、停电信息发布及时率、停电信息分析到户率、停电计划执行准确率、抢修到达现场及时率等供电服务关键指标走势分析，及时预警和督办，提升服务过程管控水平。二是加强客户服务支撑。加强中心在现代服务体系中连接"强前端"与"大后台"的枢纽作用，建立"国家电网公司客服中心—供电服务指挥中心"停电信息管理模式，负责推送生产类停电分析到户和营销类停电信息，支撑国家电网公司客服中心业务受理。全面推广结构化停电信息点对点推送到户工作，对内及时掌握沟通停电信息，对外充分利用网上国网App、短信或微信公众号等方式，提升停电信息发布效率及公信力。全面推进欠费停、复电状态监控，确保客户及时复电，提升用电满意度。依托物联网和移动App等智能化手段，拓展线上多方互动渠道，加强办电过程、用电诉求和停电抢修等服务过程信息主动通知，强化服务过程管控，提升客户服务体验。

9. 95598"最终答复"适用于哪些情况？

【知识点、考核点】95598"最终答复"适用情况。

【答案】

（1）因触电、电力施工、电力设施安全隐患等引发的伤残或死亡事件，供电企业确已按相关规定答复处理，但客户诉求仍超出国家有关规定的。

（2）因醉酒、精神异常、限制民事行为能力的人提出无理要求，供电企业确已按相关规定答复处理，但客户诉求仍超出国家有关规定的。

（3）因青苗赔偿（含占地赔偿、线下树苗砍伐）、停电损失、家电赔偿、建筑物（构筑物）损坏引发经济纠纷，或充电过程中引发的车辆及财务赔偿，供电企业确已按相关规定处理，但客户诉求仍超出国家有关规定的。

（4）因供电企业电力设施（如杆塔、线路、变压器、计量装置、分支箱、充电桩等）的安装位置、安全距离、噪声、计量装置校验结果和电磁辐射引发纠纷，非供电公司产权设备引发纠纷，供电企业确已按相关规定答复处理，但客户诉求仍超出国家或行业有关规定的。

10. 供电服务指挥中心服务质量监督工作的内容是什么？

【知识点、考核点】供电服务指挥中心服务质量监督工作的内容。

【答案】

全面监控供电服务核心业务、关键指标、重要数据，包括全过程工作质量、规范执行、协同处理、服务质量、数据质量及数据安全稽查与监控。负责供电服务、业务办理、95598工单处理、指标数据和客户满意度等管控，定期形成供电优质服务分析月报。对明察暗访发现的典型问题、全渠道业务异常数据、业务处理出现的典型差错及其他需要督办的事项，形成供电服务质量督办单，下发至责任单位，督办整改措施及问题销号。

11. 客户地区特征如何分类？

【知识点、考核点】客户地区特征的分类。

【答案】

（1）市中心区：指市区内人口密集以及行政、经济、商业、交通集中的地区。

（2）市区：城市的建成区及规划区，一般指地级市以"区"建制命名的地区。其中，直辖市和地级市的远郊区（即由县改区的）仅统计区政府所在地、经济开发区、工业园区范围。

（3）城镇：县（包括县级市）的城区及工业、人口在本区域内相对集中的乡、镇地区。

（4）农村：城市行政区内的其他地区，包括村庄、大片农田、山区、水域等。对于城市建成区和规划区内的村庄、大片农田、山区、水域等农业负荷，仍按"农村"范围统计。

12. 什么是配电网一级、二级、三级负荷？

【知识点、考核点】配电网负荷分类。

【答案】

一级负荷是指突然停电将会造成人身伤亡，在经济上造成重大损失，在政治上造成重大不良影响、公共秩序严重混乱，或环境严重污染的这类负荷。如重要交通和通信枢纽用电负荷、重点企业中的重大设备和连续生产线、政治和外事活动中心等。

二级负荷是指突然停电将在经济上造成较大损失、在政治上造成不良影响，或公共秩序混乱的这类负荷。如突然停电将造成主要设备损坏、大量产品报废、造成环境污染、大量减产的工厂用电负荷，交通和通信枢纽用电负荷，大量人员集中的公共场所等。

三级负荷是指不属于一级和二级的其他用电负荷。如附属企业、附属车间和某些非生产性场所中不重要的用电负荷等。

13. 国家电网有限公司对故障抢修服务规范有哪些要求？

【知识点、考核点】国家电网有限公司对故障抢修服务规范的要求。

【答案】

（1）快速抢修及时复电。提供 24h 电力故障报修服务，对客户故障报修诉求做到快速反应，有效处理。

（2）加快故障抢修速度，缩短故障处理时间，有条件的地区应配备用于临时供电的发电车。

（3）供电抢修人员到达现场的平均时间一般为：城区范围 45min，农村地区 90min，特殊边远地区 2h。

（4）供电抢修人员到达现场后恢复供电平均时间一般为：城区范围 3h，农村地区 4h。

（5）因天气等特殊原因造成故障较多，不能在规定时间内到达现场进行处理的，应向客户做好解释工作，并争取尽快安排抢修工作。

14. 供电服务指挥中心在高压故障抢修处理过程中工作流程是什么？

【知识点、考核点】供电服务指挥中心在高压故障抢修处理过程中工作流程。

【答案】

（1）值班调控员通过调度自动化系统发现故障信息（10kV 故障信息），告知配电网抢修指挥人员，并共同对故障进行研判（区分公用线路或专线），由值班调控员通知相应责任单位查找故障，10kV 专线故障通知相关部门协调处理。

（2）配电网抢修指挥人员做好记录后，报送故障停电信息至 95598 系统。此时若有故障报修工单下派，配电网抢修指挥人员通过关联对应后，迅速进行工单合并，减少下派至运维单位的同类工单数量。

（3）若故障需调整运行方式，由调控员进行方式调整，隔离故障点，完成安全措施后，许可现场故障抢修。现场抢修完毕后由抢修人员反馈处理结果至值班调控员和配电网抢修指挥人员。

15. 客户失电的故障研判逻辑是什么？

【知识点、考核点】客户失电的故障研判逻辑。

【答案】

依据客户报修信息，结合营配贯通客户对应关系，获取客户关联表箱及坐标信息，实现报修客户定位；依据电网拓扑关系由下往上追溯到所属配电变压器；召测（透抄）客户电能表以及配电变压器的运行信息，根据电能表以及配电变压器运行信息判断故障。如电能表运行正常，则研判为客户内部故障；如电能表能够召测（透抄）成功，但运行异常，则研判为低压单户故障；如电能表召测失败、配电变压器运行正常，则报修为低压故障；如果配电变压器有一相或两相电压异常（电压约等于 0），则研判为配电变压器缺相故障；如果配电变压器电压、电流都异常（电压、电流都约等于 0），则研判为本配电变压器故障。

16. 主干线开关失电的故障研判逻辑是什么？

【知识点、考核点】主干线开关失电的故障研判逻辑。

【答案】

针对主干线失电研判可通过以下两种情况实现，两种研判结果可作为相互校验的依据，并能实现研判结果的合并。第一种采用主干线开关跳闸信息直采，从上至下进行电网拓扑分析；第二种未接收到主干线开关跳闸信息时，采用多个分支线开关跳闸信息和联络开关运行状态，由下往上进行电源点追溯到公共主干线开关，再由该主干线开关为起点，从上至下进行电网拓扑分析，生成停电区域。

（1）配电网故障研判技术支持系统接收主干线开关跳闸信息后，根据电网拓扑关系，结合联络开关运行状态信息，从上至下分析故障影响的停电区域。

（2）配电网故障研判技术支持系统接收多条分支线失电信息后，由下往上进行电源点追溯，获取同一时段下多条分支线所属的公共主干线路开关，结合联络开关运行状态信息，根据电网拓扑关系，生成停电区域。一旦报送的该主干线路下分支线开关跳闸数量在预先设定的允许误报率范围内，则研判为主干线故障；否则研判为分支线失电。

17. 故障研判技术原则中信息来源准确性校验原则是什么？

【知识点、考核点】 故障研判技术原则中信息来源准确性校验原则。

【答案】

（1）主干线开关跳闸信息结合该线路下的多个配电变压器停电告警信息，校验主干线开关跳闸信息的准确性。

（2）分支线开关跳闸信息结合该支线路下的多个配电变压器停电告警信息，校验分支线开关跳闸信息的准确性。

（3）配电变压器停电告警信息通过实时召测配电变压器终端及该配电变压器下随机多个智能电能表的电压、电流、负荷值来校验配电变压器停电信息的准确性。

（4）客户失电告警信息通过实时召测客户侧电能表的电压、电流、负荷值来校验客户内部故障或低压故障。

18. 如何开展停电时户数预算式管控？

【知识点、考核点】 故障研判技术原则中信息来源准确性校验原则。

【答案】

建立停电时户数预算式管控机制，结合年度施工检修项目计划安排、电网转供电能力、不停电作业能力、自动化及运维管控平台提升情况，确定年度停电时户数较上年压降比例，明确年度停电时户数预控目标，将预控目标层层分解、逐级落实到每一个专业、每一个班所、每一条线路、每一个台区。强化预算源头管理，在施工检修计划编制阶段，根据预控目标和停电时户数消耗情况，按照"先算后报、先算后停"的原则，统筹确定季度、月停电计划安排，明确时户数指标消耗限值。严格预控指标，执行过程刚性管控，建立动态跟踪、定期分析、超标预警、分级审批工作机制，按日统计通报停电时户数消耗与余额情况，强化停计划执行情况预警、督办，确保预控目标实现。

19. 国家电网有限公司强化配电网停电管理，进一步提高用户供电可靠性重点工作措施是什么？

【知识点、考核点】 进一步提高用户供电可靠性重点工作措施。

【答案】

（1）加强配电网停电过程管理。一是全面开展停电时户数预算式管控；二是依托供电服务指挥中心开展供电可靠性过程管控；三是持续开展供电可靠性监测分析和数据质量管控。

（2）严控预安排停电。一是加强预安排停电统筹管理；二是严格停电作业方案审查；三是强化施工检查。

（3）压降故障停电。一是强化配电网巡视与运行维护管理；二是加强配电设备运行分析和专项治理；三是加强配电网故障抢修管理。

（4）加强配电网技术应用。一是加快推进配电自动化建设；二是加强不停电作业能力建设；三是拓展不停电作业范围。

20. 阐述配电网的规划设计应符合哪些基本原则。

【知识点、考核点】配电网的规划设计应符合的基本原则。

【答案】

（1）中压配电网应依据高压变电站的位置和负荷分布分成若干相对独立的分区。分区配电网应有大致明确的供电范围，一般不交错重叠。分区配电网的供电范围将随新增加的高压变电所及负荷的增长而进行调整。

（2）高压变电站中压出线开关停用时，应能通过中压配电网转移负荷，对用户不停电。设计时应考虑装置分段开关，故障时便于隔离，设置杆位时应充分预留用户接入点。

（3）高压变电站之间的中压配电网应有足够的联络容量，正常时开环运行，异常时能够转移负荷。

（4）中压配电网应有较强的适应性，主干线导线截面积应按长远规划选型并一次建成，在负荷发展不能满足需要时，可增加新的馈入点或插入新的变电所，而其结构基本不变。

（5）低压配电线路单相用户接入时应考虑低压台区的三相负荷平衡问题。

（6）设计时要查明所在地区的气象条件，以便进行必要的验算。

21. A+、A、B、C、D、E类供电区域主要指哪些区域？

【知识点、考核点】供电区域的分类。

【答案】

A+类供电区域主要为直辖市的市中心，以及省会城市（计划单列市）高负荷密度区。市中心区指市区内人口密度以及行政、经济、商业、交通集中的地区。

A类供电区主要为省会城市（计划单列市）的市中心区、直辖市的市区以及地级市的高负荷密度区。

B类供电区主要为地级市的市中心区、省会城市（计划单列市）的市区以及经济发达县的县城。

C类供电区主要为县城、地级市的市区以及经济发达的中心城镇。

D类供电区主要为县城、城镇以外的乡村、农林场。

E类供电区主要为人烟稀少的农牧区。

22. 故障抢修服务行为规范的红线有哪些？

【知识点、考核点】国家电网有限公司一线员工供电服务行为规范。

【答案】

（1）不准违反公司公布的供电服务抢修到达现场时限要求。

（2）不准在故障抢修服务过程中对客户推诿搪塞、使用不文明用语、与客户争吵、发生肢体冲突等。

（3）不准虚报联系客户时间、到达现场时间、抢修进度和处理结果等信息。

（4）不准无故拖延抢修和延迟送电。

（5）不准在故障处理不彻底的情况下强行送电。

（6）不准在故障抢修过程中刁难客户、吃拿卡要。

（7）不准私自承揽客户产权设施安装、调试、运维等业务。

（8）不准在故障抢修服务期间饮酒或酒后上岗。

23. 抢修班组到达现场时间时限是？

【知识点、考核点】配网故障抢修管理细则。

【答案】

城区范围 45min 之内到达，农村范围 90min 之内到达，特别偏远地区 120min 到达。故障地址区域属性以供电可靠性区域划分为准。

24. 用电检查服务行为规范的红线是哪些？

【知识点、考核点】国家电网有限公司一线员工供电服务行为规范。

【答案】

（1）不准违反公司公布的供电服务抢修到达现场时限要求。

（2）不准在故障抢修服务过程中对客户推诿搪塞、使用不文明用语、与客户争吵、发生肢体冲突等。

（3）不准虚报联系客户时间、到达现场时间、检修进度和处理结果等信息。

（4）不准无故拖延抢修和延迟送电。

（5）不准在故障处理不彻底的情况下强行送电。

（6）不准在故障抢修过程中刁难客户、吃拿卡要。

（7）不准私自承揽客户产权设施安装、调试、运维等业务。

（8）不准在故障抢修服务期间饮酒或酒后上岗。

25. 营销服务中心作为发挥服务调度和质量监控作用的支撑机构，主要负责的内容是？

【知识点、考核点】国家宁夏电力有限公司供电营业窗口服务规范。

【答案】

（1）负责对营业窗口服务进行全数据分析、全状态监测全环节管控。

（2）负责支撑公司营销部对营业窗口服务质量开展指导、检查和评价。

（3）负责向公司营销部报送营业窗口服务分析报告，收集营业窗口日常服务管理存在的问题，提出改进建议和考核意见。

服务指挥篇

一、单选题

1. 各地市公司网格化服务渠道人员受理客户业务申请后，20min 内派发工单。各级单位应在规定时限内调查、处理，答复客户并审核、反馈处理意见，受理单位应在接到回复工单后（　　）个工作日内回复（回访）客户。

A. 1　　　　　B. 2　　　　　C. 3　　　　　D. 4

【知识点、考核点】国网宁夏电力有限公司网格化服务渠道客户服务管理办法（试行），网格化服务渠道客户服务诉求业务管理。

【答案】A

2. 各地市公司网格化服务渠道人员受理客户查询咨询（包括信息查询、客户咨询、表扬及线上办电审核）后，不能立即办结的（　　）min 内派发工单（线上办电 5min 内完成资料审核）。各级单位应在规定的时限内调查、处理，答复客户并审核、反馈处理意见，受理单位应在接到回复工单后 1 个工作日内回复（回访）客户。

A. 10　　　　B. 15　　　　C. 20　　　　D. 30

【知识点、考核点】国网宁夏电力有限公司网格化服务渠道客户服务管理办法（试行），网格化服务渠道客户服务诉求业务管理。

【答案】C

3. 各地市公司网格化服务渠道人员受理客户催办诉求后，（　　）min 内派发催办工单，催办工单流程与被催办工单一致。客户再次来电补充相关资料，需详细记录并派发催办工单。除故障报修外，其他业务催办次数原则上不超过 2 次，对于存在服务风险的，按照客户诉求派发催办工单。

A. 10　　　　B. 15　　　　C. 20　　　　D. 30

【知识点、考核点】国网宁夏电力有限公司网格化服务渠道客户服务管理办法（试行），网格化服务渠道客户服务诉求业务管理。

【答案】A

4. 各地市公司网格化服务渠道人员受理客户查询咨询后，应详细记录客户信息、咨询内容、联系方式、是否需要回复等信息。通过知识库、用户基本信息、停送电信息、业务工单查询咨询等，能直接答复的，应直接答复办结工作；不能直接答复的，详细记录客户诉求，客户挂断电话后（　　）min 派发至相关单位。

A. 10　　　　B. 15　　　　C. 20　　　　D. 30

【知识点、考核点】国网宁夏电力有限公司网格化服务渠道客户服务管理办法（试行），（网格）一般诉求业务处理规范。

【答案】C

5. 紧急服务类诉求（　　）指公司经营区域内（含控股、代管营业区）的电力客户，在供电服务、营业业务、停送电、供电质量、电网建设等方面，对由于供电企业责任导致其权益受损表达不满，在法定诉讼时效期限内，要求维护其权益而提出的诉求业务。

A. 一级　　　　　　B. 二级　　　　　　C. 三级　　　　　　D. 四级

【知识点、考核点】国网宁夏电力有限公司网格化服务渠道客户服务管理办法（试行），（网格）紧急服务类诉求业务处理规范。

【答案】A

6. 紧急服务类诉求（　　）指客户对窃电、破坏和偷窃电力设施等违法行为进行检举的诉求业务。

A. 一级　　　　　　B. 二级　　　　　　C. 三级　　　　　　D. 四级

【知识点、考核点】国网宁夏电力有限公司网格化服务渠道客户服务管理办法（试行），（网格）紧急服务类诉求业务处理规范。

【答案】B

7. 紧急服务类诉求（　　）指客户对供电企业在供电服务、供电业务、停送电问题、供电质量问题、电网建设、充电服务、充电设施建设等方面存在建议而提出的诉求业务。

A. 一级　　　　　　B. 二级　　　　　　C. 三级　　　　　　D. 四级

【知识点、考核点】国网宁夏电力有限公司网格化服务渠道客户服务管理办法（试行），（网格）紧急服务类诉求业务处理规范。

【答案】C

8. 95598 服务支持业务是指通过流程管控、知识管理（　　）等方式，支撑 95598 客户诉求业务高效规范实施的业务。

A. 在线服务　　　B. 技术服务　　　C. 知识库　　　D. 其他

【知识点、考核点】国家电网有限公司 95598 客户服务业务管理办法，国网（营销/4）272—2022。

【答案】B

9.（　　）指统计时段内客户对各省公司处理工单服务评价满意的数量占接受调查数量的比例。

A. 95598 业务处理满意率　　　　　B. 省公司业务处理及时率

C. 省公司工单接派单及时率　　　　D. 地市公司工单接派单及时率

【知识点、考核点】国家电网有限公司 95598 客户服务业务管理办法，国网（营销/4）272—2022。

【答案】A

10.（　　）指各省公司在规定时限内及时处理回复（从最后一次接单分理到达时间

到工单第一次回单确认提交时间）的工单数量，占已形成并下发处理的工单数量的比例。

  A. 95598 业务处理满意率   B. 省公司业务处理及时率

  C. 省公司工单接派单及时率   D. 地市公司工单接派单及时率

  【知识点、考核点】国家电网有限公司 95598 客户服务业务管理办法，国网（营销/4）272—2022。

  【答案】B

  11.（ ）指各省公司在规定时限内及时接派的工单数，占应及时接派工单总数的比例。

  A. 95598 业务处理满意率   B. 省公司业务处理及时率

  C. 省公司工单接派单及时率   D. 地市公司工单接派单及时率

  【知识点、考核点】国家电网有限公司 95598 客户服务业务管理办法，国网（营销/4）272—2022。

  【答案】C

  12.（ ）指地市公司在规定时限内及时接派的工单数，占应及时接派工单总数的比例。

  A. 95598 业务处理满意率   B. 省公司业务处理及时率

  C. 省公司工单接派单及时率   D. 地市公司工单接派单及时率

  【知识点、考核点】国家电网有限公司 95598 客户服务业务管理办法，国网（营销/4）272—2022。

  【答案】D

  13.（ ）指故障报修在规定时限内到达现场的抢修工单占派发的抢修工单总数的比例。

  A. 故障报修兑现承诺率   B. 重复诉求

  C. 客户诉求升级率   D. 营销服务舆情发生率

  【知识点、考核点】国家电网有限公司 95598 客户服务业务管理办法，国网（营销/4）272—2022。

  【答案】A

  14.（ ）指一个月内同一客户、同一电话号码对同一事件重复致电两次及以上的事件数。（注：一个月指月度报表统计周期）。

  A. 故障报修兑现承诺率   B. 重复诉求

  C. 客户诉求升级率   D. 营销服务舆情发生率

  【知识点、考核点】国家电网有限公司 95598 客户服务业务管理办法，国网（营销/4）272—2022。

【答案】B

15.（   ）指客户升级投诉至外部渠道数占 95598 业务量比例。

A. 故障报修兑现承诺率　　　　　　B. 重复诉求

C. 客户诉求升级率　　　　　　　　D. 营销服务舆情发生率

【知识点、考核点】国家电网有限公司 95598 客户服务业务管理办法，国网（营销/4）272—2022。

【答案】C

16.（   ）指营销服务舆情发生数占客户数的比例。

A. 故障报修兑现承诺率　　　　　　B. 重复诉求

C. 客户诉求升级率　　　　　　　　D. 营销服务舆情发生率

【知识点、考核点】国家电网有限公司 95598 客户服务业务管理办法，国网（营销/4）272—2022。

【答案】D

17. 根据国家电网营销〔2023〕482 号《国家电网有限公司关于印发一线员工供电服务行为规范的通知》故障抢修服务行为规范规定，故障抢修过程中，遇到（   ）等情况，应先复电后抢修，并及时告知计量人员现场处理。

A. 表箱损坏　　　　B. 表计损坏　　　　C. 采集器损坏　　　　D. 互感器故障

【知识点、考核点】《国家电网有限公司关于印发一线员工供电服务行为规范的通知》，国家电网营销〔2023〕482 号。

【答案】B

18. 根据国家电网营销〔2023〕482 号《国家电网有限公司关于印发一线员工供电服务行为规范的通知》故障抢修服务行为规范规定，开展故障抢修时，做好安全措施，摆放醒目的（   ）或设置围栏，防止人身伤亡事故。

A. 公告栏　　　　B. 通知书　　　　C. 警示牌　　　　D. 广告牌

【知识点、考核点】《国家电网有限公司关于印发一线员工供电服务行为规范的通知》，国家电网营销〔2023〕482 号。

【答案】C

19. 根据国家电网营销〔2023〕482 号《国家电网有限公司关于印发一线员工供电服务行为规范的通知》故障抢修服务行为规范规定，发生多户、大面积停电时，及时发布停电信息，按照（   ）原则，优先处置危及安全、救灾抢险等紧急类事件，如短时无法恢复供电，多渠道公告抢修进度。

A. 故障发生时间　　B. 故障影响范围　　C. 分层分级　　D. 故障分级

【知识点、考核点】《国家电网有限公司关于印发一线员工供电服务行为规范的通

知》，国家电网营销〔2023〕482 号。

【答案】D

20. 根据国家电网营销〔2023〕482 号《国家电网有限公司关于印发一线员工供电服务行为规范的通知》故障抢修服务行为规范规定，故障抢修人员着装规范（　　），抢修车辆进入客户单位或居民小区减速慢行，注意停放位置，礼让行人。

A. 佩戴安全帽　　　B. 佩戴工作牌　　　C. 穿全棉长袖　　　D. 穿工服

【知识点、考核点】《国家电网有限公司关于印发一线员工供电服务行为规范的通知》，国家电网营销〔2023〕482 号。

【答案】B

21. 根据国家电网营销〔2023〕482 号《国家电网有限公司关于印发一线员工供电服务行为规范的通知》故障抢修服务行为规范规定，故障抢修过程中，遇到表计损坏等情况，应（　　），并及时告知计量人员现场处理。

A. 先复电后抢修　　B. 先拆表计　　　C. 先抢修　　　D. 让客户办理赔表

【知识点、考核点】《国家电网有限公司关于印发一线员工供电服务行为规范的通知》，国家电网营销〔2023〕482 号。

【答案】A

22. 根据国家电网营销〔2023〕482 号《国家电网有限公司关于印发一线员工供电服务行为规范的通知》，现场抢修严格遵守标准工艺的要求，（　　）完成抢修工作。

A. 3h 内　　　　B. 4h 内　　　　C. 规定时间内　　　D. 一次

【知识点、考核点】《国家电网有限公司关于印发一线员工供电服务行为规范的通知》，国家电网营销〔2023〕482 号。

【答案】D

23. 根据国家电网营销〔2023〕482 号《国家电网有限公司关于印发一线员工供电服务行为规范的通知》，对单户报修，现场抢修前应先（　　）。

A. 确定是否为供电公司直供用户　　　B. 是否在供电公司产权范围内

C. 核实客户交费状态　　　　　　　　D. 核实客户的基本信息

【知识点、考核点】《国家电网有限公司关于印发一线员工供电服务行为规范的通知》，国家电网营销〔2023〕482 号。

【答案】C

24. 根据国家电网营销〔2023〕482 号《国家电网有限公司关于印发一线员工供电服务行为规范的通知》，对单户报修，如判定为客户欠费停电，应（　　）。

A. 及时告知客户需要联络其他工作人员处理

B. 及时通知相关人员联系客户处理

C. 及时上报上级领导协调相关人员处理

D. 及时告知客户其他工作人员联系方式

【知识点、考核点】《国家电网有限公司关于印发一线员工供电服务行为规范的通知》，国家电网营销〔2023〕482 号。

【答案】B

25. 根据国家电网营销〔2023〕482 号《国家电网有限公司关于印发一线员工供电服务行为规范的通知》，发生多户、大面积停电短时无法恢复供电时，应多渠道公告（   ）。

A. 故障原因   B. 抢修进度   C. 现场情况   D. 恢复时间

【知识点、考核点】《国家电网有限公司关于印发一线员工供电服务行为规范的通知》，国家电网营销〔2023〕482 号。

【答案】B

26. 根据国家电网营销〔2023〕482 号《国家电网有限公司关于印发一线员工供电服务行为规范的通知》，故障抢修作业结束后，应向客户交待有关注意事项，（   ）。

A. 邀请客户参与评价　　　　　　B. 给客户递送便民卡

C. 主动征求客户意见　　　　　　D. 向客户推荐供电所抢修电话

【知识点、考核点】《国家电网有限公司关于印发一线员工供电服务行为规范的通知》，国家电网营销〔2023〕482 号。

【答案】C

27. 根据国家电网营销〔2023〕482 号《国家电网有限公司关于印发一线员工供电服务行为规范的通知》，对于自有产权配电设施故障停电的，应第一时间上报相关情况，配合用户做好故障抢修，必要时采取（   ）措施，帮助及时恢复供电。

A. 现场抢修   B. 现场指挥   C. 应急保电   D. 现场协助

【知识点、考核点】《国家电网有限公司关于印发一线员工供电服务行为规范的通知》，国家电网营销〔2023〕482 号。

【答案】C

28. 根据《国家电网有限公司一线员工供电服务行为规范》，严格履行"（   ）"要求，在接到故障报修信息、到达现场、结束抢修后，第一时间联系客户，并实时告知客户处理进度。

A. 首问负责制   B. 一次性告知   C. 两告知一回复   D. 十项承诺

【知识点、考核点】《国家电网有限公司关于印发一线员工供电服务行为规范的通知》，国家电网营销〔2023〕482 号。

【答案】C

29. 根据《国家电网有限公司一线员工供电服务行为规范》，故障抢修人员着装规范、佩戴工作牌，抢修车辆进入客户单位或居民小区（　　），注意停放位置，礼让行人。

A. 匀速行驶　　　B. 减速慢行　　　C. 靠边停车　　　D. 注意行人

【知识点、考核点】《国家电网有限公司关于印发一线员工供电服务行为规范的通知》，国家电网营销〔2023〕482号。

【答案】B

30. 根据《国家电网有限公司一线员工供电服务行为规范》，故障抢修携带的工器具、材料等配置齐备、摆放有序。现场抢修严格遵守（　　）的要求，一次完成抢修工作。

A. 标准工艺　　　B. 相关规定　　　C. 安全规程　　　D. 现场工作

【知识点、考核点】《国家电网有限公司关于印发一线员工供电服务行为规范的通知》，国家电网营销〔2023〕482号。

【答案】A

31. 根据《国家电网有限公司一线员工供电服务行为规范》，故障抢修过程中，遇到表计损坏等情况，应先复电后抢修，并及时告知（　　）现场处理。

A. 装表人员　　　B. 查勘人员　　　C. 客户经理　　　D. 计量人员

【知识点、考核点】《国家电网有限公司关于印发一线员工供电服务行为规范的通知》，国家电网营销〔2023〕482号。

【答案】D

32. 根据《国家电网有限公司一线员工供电服务行为规范》，开展故障抢修时，做好（　　），摆放醒目的警示牌或设置围栏，防止人身伤亡事故。

A. 抢修准备　　　B. 安全告知　　　C. 安全措施　　　D. 人员安排

【知识点、考核点】《国家电网有限公司关于印发一线员工供电服务行为规范的通知》，国家电网营销〔2023〕482号。

【答案】C

33. 根据《国家电网有限公司一线员工供电服务行为规范》，发生多户、大面积停电时，及时发布停电信息，按照故障分级原则，优先处置（　　）、救灾抢险等紧急类事件，如短时无法恢复供电，多渠道公告抢修进度。

A. 危及安全　　　B. 重要用户　　　C. 敏感小区　　　D. 交通枢纽

【知识点、考核点】《国家电网有限公司关于印发一线员工供电服务行为规范的通知》，国家电网营销〔2023〕482号。

【答案】A

34. 根据《国家电网有限公司一线员工供电服务行为规范》，在故障抢修现场，对客户提出的（　　）诉求，应耐心解释，做好信息收集和上报工作。

A. 业务咨询　　　　B. 非故障抢修　　　C. 信息查询　　　　D. 意见（建议）

【知识点、考核点】《国家电网有限公司关于印发一线员工供电服务行为规范的通知》，国家电网营销〔2023〕482 号。

【答案】B

35. 根据《国家电网有限公司一线员工供电服务行为规范》，故障抢修作业结束后，确保现场做到"工完、料尽、场地清"，并向客户交待有关注意事项，主动（　　）。

A. 介绍抢修情况　　B. 解释故障原因　　C. 征求客户意见　　D. 留下联系方式

【知识点、考核点】《国家电网有限公司关于印发一线员工供电服务行为规范的通知》，国家电网营销〔2023〕482 号。

【答案】C

36. 根据《国家电网有限公司一线员工供电服务行为规范》，对于城中村、大型小区或重要、敏感民生客户自有产权配电设施故障停电的，应第一时间上报相关情况，配合用户做好（　　），必要时采取应急保电措施，帮助及时恢复供电。

A. 协助工作　　　　B. 故障抢修　　　　C. 抢修材料准备　　D. 抢修指导

【知识点、考核点】《国家电网有限公司关于印发一线员工供电服务行为规范的通知》，国家电网营销〔2023〕482 号。

【答案】B

37. 根据《国家电网有限公司一线员工供电服务行为规范》，不准违反公司公布的供电服务抢修到达现场（　　）。

A. 时限要求　　　　B. 工作准备要求　　C. 时间　　　　　　D. 着装要求

【知识点、考核点】《国家电网有限公司关于印发一线员工供电服务行为规范的通知》，国家电网营销〔2023〕482 号。

【答案】A

38. 根据《国家电网有限公司一线员工供电服务行为规范》，不准在故障抢修服务过程中对客户推诿搪塞、使用不文明用语、与客户争吵、（　　）等。

A. 谩骂　　　　　　B. 讽刺　　　　　　C. 打架斗殴　　　　D. 发生肢体冲突

【知识点、考核点】《国家电网有限公司关于印发一线员工供电服务行为规范的通知》，国家电网营销〔2023〕482 号。

【答案】D

39. 根据《国家电网有限公司一线员工供电服务行为规范》，不准虚报联系客户时间、到达现场时间、抢修进度和（　　）等信息。

A. 处理结果　　　　B. 处理完成时间　　C. 故障原因　　　　D. 抢修结束时间

【知识点、考核点】《国家电网有限公司关于印发一线员工供电服务行为规范的通

知》，国家电网营销〔2023〕482 号。

【答案】A

40. 根据《国家电网有限公司一线员工供电服务行为规范》，不准无故拖延抢修和（   ）。

A. 修改停电计划   B. 延迟送电   C. 拖延送电   D. 谎报抢修进度

【答案】B

41. 根据《国家电网有限公司一线员工供电服务行为规范》，不准在故障处理不彻底的情况下（   ）。

A. 延迟送电   B. 强行送电   C. 拖延送电   D. 计划停电

【知识点、考核点】《国家电网有限公司关于印发一线员工供电服务行为规范的通知》，国家电网营销〔2023〕482 号。

【答案】B

42. 根据《国家电网有限公司一线员工供电服务行为规范》，不准在故障抢修过程中（   ）客户、吃拿卡要。

A. 搪塞   B. 推诿   C. 刁难   D. 难为

【知识点、考核点】《国家电网有限公司关于印发一线员工供电服务行为规范的通知》，国家电网营销〔2023〕482 号。

【答案】C

43. 根据《国家电网有限公司一线员工供电服务行为规范》，不准私自承揽客户产权设施（   ）、调试、运维等业务。

A. 安装   B. 生产   C. 维护   D. 抢修

【知识点、考核点】《国家电网有限公司关于印发一线员工供电服务行为规范的通知》，国家电网营销〔2023〕482 号。

【答案】A

44. 根据《国家电网有限公司一线员工供电服务行为规范》，不准在故障抢修服务期间（   ）或酒后上岗。

A. 公务吃喝   B. 接收宴请   C. 酗酒   D. 饮酒

【知识点、考核点】《国家电网有限公司关于印发一线员工供电服务行为规范的通知》，国家电网营销〔2023〕482 号。

【答案】D

45. 根据《国家电网有限公司一线员工供电服务行为规范》，在故障抢修现场，对客户提出的非故障抢修诉求，应（   ），做好信息收集和上报工作。

A. 积极引导   B. 认真接待   C. 耐心解释   D. 不厌其烦

【知识点、考核点】《国家电网有限公司关于印发一线员工供电服务行为规范的通知》，国家电网营销〔2023〕482 号。

【答案】C

46. 根据《国家电网有限公司一线员工供电服务行为规范》，开展故障抢修时，做好安全措施，摆放醒目的警示牌或设置围栏，防止（   ）事故。

A. 交通   B. 人身伤亡   C. 高坠   D. 触电

【知识点、考核点】《国家电网有限公司关于印发一线员工供电服务行为规范的通知》，国家电网营销〔2023〕482 号。

【答案】B

47. 主动抢修工单的信息来源有（   ）。

A. 95598 报修电话

B. 12345 热线

C. 供电服务指挥系统所具备的实时信息采集功能

D. 数字化城管系统

【知识点、考核点】国家电网企管〔2022〕537 号《配网抢修指挥故障研判技术导则》。

【答案】C

48. 客户失电研判，定位客户之后，依据网络拓扑关系应（   ）追溯至所属配变。

A. 由上至下   B. 由下至上   C. 由上   D. 由下

【知识点、考核点】国家电网企管〔2022〕537 号《配网抢修指挥故障研判技术导则》。

【答案】B

二、多选题

1. 95598 客户诉求业务包括紧急服务类一级、紧急服务类二级、紧急服务类三级（   ）。

A. 故障报修   B. 业务申请   C. 查询咨询   D. 其他业务

【知识点、考核点】国网宁夏电力有限公司网格化服务渠道客户服务管理办法（试行），网格化服务渠道客户服务诉求业务管理。

【答案】ABC

2. 各地市公司网格化服务渠道人员受理客户紧急服务类一级诉求后，（   ）内派发工单。各级单位应在工单派发（   ）内联系客户，48h 内调查、处理，答复客户并审核、反馈处理意见，供电服务指挥中心应在接到回复工单后（   ）工作日内审核、回复（回访）客户。

A. 15min   B. 1h   C. 48h   D. 1 个工作人员

【知识点、考核点】国网宁夏电力有限公司网格化服务渠道客户服务管理办法（试行），网格化服务渠道客户服务诉求业务管理。

【答案】ABD

3. 各地市公司网格化服务渠道人员受理客户诉求时，应了解客户诉求原因，引导提供客户编号等信息，应用客户历史服务信息、知识库、客户档案等全渠道数据信息，精准解答客户诉求，尊重客户匿名保密要求，准确选择业务分类，完整记录客户姓名、地址、联系方式、回复（回访）要求、业务描述等，做到语句通顺、表达清晰、内容完整。

A. 历史服务信息　　B. 知识库　　　　　C. 客户档案　　　　D. 抢修记录

【知识点、考核点】国网宁夏电力有限公司网格化服务渠道客户服务管理办法（试行），网格化服务渠道客户服务诉求业务管理。

【答案】ABC

4. 故障到达现场时限应做到：城市范围一般为（　　）min，农村地区一般为（　　）min，特殊边远地区一般为（　　）min。抢修人员到达现场后应在第一时间上传到达现场时间。

A. 30　　　　　　　B. 45　　　　　　　C. 90　　　　　　　D. 120

【知识点、考核点】国网宁夏电力有限公司网格化服务渠道客户服务管理办法（试行），（网格）故障报修业务处理规范。

【答案】BCD

5. 非电力故障是指供电企业产权的供电设施损坏但暂时不影响运行、非供电企业产权的电力设备设施发生故障、非电力设施发生故障等情况，主要包括（　　）等。

A. 客户误报　　　　　　　　　　B. 紧急消缺

C. 第三方资产（非电力设施）　　D. 客户内部故障

【知识点、考核点】国网宁夏电力有限公司网格化服务渠道客户服务管理办法（试行），（网格）故障报修业务处理规范。

【答案】ABCD

6. 各地市公司网格化服务渠道人员受理客户故障报修、紧急非抢修类业务，应详细记录客户故障报修的用电地址（充电站地址）、客户姓名、客户编号（充电设备编号、充电卡号等）（　　）等信息。

A. 故障持续时间　　B. 联系方式　　　C. 故障现象　　　D. 客户感知

【知识点、考核点】国网宁夏电力有限公司网格化服务渠道客户服务管理办法（试行），（网格）故障报修业务处理规范。

【答案】BCD

7. 95598客户服务业务一般分为（　　）和（　　）。

A. 95598 客户诉求业务   B. 95598 客户抢修业务

C. 95598 服务支持业务   D. 95598 服务非抢业务

【知识点、考核点】国家电网有限公司 95598 客户服务业务管理办法，国网（营销/4）272—2022。

【答案】AC

8. 95598 客户诉求业务是指通过 95598 电话、95598 网站（   ）以及 12398 能源监管热线（以下简称"12398"）、公司巡视办转办供电服务事件（以下简称"公司巡视办转办"）、营销服务舆情等外部渠道受理的各类客户诉求业务。

A. 在线服务   B. 微信公众号

C. 短信等内部渠道   D. 其他渠道

【知识点、考核点】国家电网有限公司 95598 客户服务业务管理办法，国网（营销/4）272—2022。

【答案】ABC

9. 95598 服务支持包括（   ）特殊客户管理、申诉、抽检修正、信息支持管理等。

A. 停送电信息报送管理   B. 供电服务知识管理

C. 重要服务事项报备   D. 敏感客户管理

【知识点、考核点】国家电网有限公司 95598 客户服务业务管理办法，国网（营销/4）272—2022。

【答案】ABC

10. 停送电信息分为生产类停送电信息和营销类停送电信息。生产类停送电信息包括计划停电、临时停电、故障停电（   ）等；营销类停送电信息包括窃电停电、欠费停电（   ）、表箱（计）作业停电等。

A. 违约停电   B. 超电网供电能力停电

C. 有序用电（需求侧响应）   D. 其他停电

【知识点、考核点】国家电网有限公司 95598 客户服务业务管理办法，国网（营销/4）272—2022。

【答案】ABCD

11. 根据国家电网营销〔2023〕482 号《国家电网有限公司关于印发一线员工供电服务行为规范的通知》故障抢修服务行为规范规定，严格履行"两告知一回复"要求，在（   ）后，第一时间联系客户，并实时告知客户处理进度。

A. 接到故障报修信息   B. 到达现场

C. 明确故障原因   D. 结束抢修

【知识点、考核点】《国家电网有限公司关于印发一线员工供电服务行为规范的通

知》，国家电网营销〔2023〕482 号。

【答案】ABD

12. 根据国家电网营销〔2023〕482 号《国家电网有限公司关于印发一线员工供电服务行为规范的通知》故障抢修服务行为规范规定，对于（　　）自有产权配电设施故障停电的，应第一时间上报相关情况，配合用户做好故障抢修，必要时采取应急保电措施，帮助及时恢复供电。

A. 城中村　　　　B. 大型小区　　　　C. 重要客户　　　　D. 敏感民生客户

【知识点、考核点】《国家电网有限公司关于印发一线员工供电服务行为规范的通知》，国家电网营销〔2023〕482 号。

【答案】ABCD

13. 根据国家电网营销〔2023〕482 号《国家电网有限公司关于印发一线员工供电服务行为规范的通知》故障抢修服务行为规范规定，不准虚报（　　）等信息。

A. 联系客户时间　　B. 到达现场时间　　C. 抢修进度　　　　D. 处理结果

【知识点、考核点】《国家电网有限公司关于印发一线员工供电服务行为规范的通知》，国家电网营销〔2023〕482 号。

【答案】ABCD

14. 根据国家电网营销〔2023〕482 号《国家电网有限公司关于印发一线员工供电服务行为规范的通知》故障抢修服务行为规范规定，不准无故（　　）和（　　）。

A. 拖延抢修　　　　B. 拖延送电　　　　C. 延迟抢修　　　　D. 延迟送电

【知识点、考核点】《国家电网有限公司关于印发一线员工供电服务行为规范的通知》，国家电网营销〔2023〕482 号。

【答案】AD

15. 根据国家电网营销〔2023〕482 号《国家电网有限公司关于印发一线员工供电服务行为规范的通知》故障抢修服务行为规范规定，不准私自承揽客户产权设施（　　）等业务。

A. 安装　　　　　　B. 调试　　　　　　C. 运维　　　　　　D. 检修

【知识点、考核点】《国家电网有限公司关于印发一线员工供电服务行为规范的通知》，国家电网营销〔2023〕482 号。

【答案】ABC

16. 根据国家电网营销〔2023〕482 号《国家电网有限公司关于印发一线员工供电服务行为规范的通知》，故障抢修人员应（　　），抢修车辆进入客户单位或居民小区减速慢行，注意停放位置，礼让行人。

A. 着装规范　　　　　　　　　　　　B. 佩戴工作牌

C. 保持仪容仪表整洁　　　　　　D. 检查抢修工器具

【知识点、考核点】《国家电网有限公司关于印发一线员工供电服务行为规范的通知》，国家电网营销〔2023〕482号。

【答案】AB

17. 根据国家电网营销〔2023〕482号《国家电网有限公司关于印发一线员工供电服务行为规范的通知》，故障抢修携带的工器具、材料等应（　　）。

A. 充分准备　　　B. 配置齐备　　　C. 符合使用期限　　　D. 摆放有序

【知识点、考核点】《国家电网有限公司关于印发一线员工供电服务行为规范的通知》，国家电网营销〔2023〕482号。

【答案】BD

18. 根据国家电网营销〔2023〕482号《国家电网有限公司关于印发一线员工供电服务行为规范的通知》，开展故障抢修时，应（　　），防止人身伤亡事故。

A. 提醒附近客户禁止进入抢修现场　　　B. 悬挂"抢修作业中"提示牌

C. 做好安全措施　　　　　　　　　　　D. 摆放醒目的警示牌或设置围栏

【知识点、考核点】《国家电网有限公司关于印发一线员工供电服务行为规范的通知》，国家电网营销〔2023〕482号。

【答案】CD

19. 根据国家电网营销〔2023〕482号《国家电网有限公司关于印发一线员工供电服务行为规范的通知》，发生多户、大面积停电时，及时发布停电信息，按照故障分级原则，优先处置（　　）、（　　）等紧急类事件。

A. 重要客户　　　B. 危及安全　　　C. 救灾抢险　　　D. 政府部门

【知识点、考核点】《国家电网有限公司关于印发一线员工供电服务行为规范的通知》，国家电网营销〔2023〕482号。

【答案】BC

20. 根据国家电网营销〔2023〕482号《国家电网有限公司关于印发一线员工供电服务行为规范的通知》，在故障抢修现场，对客户提出的非故障抢修诉求，应耐心解释，做好（　　）和（　　）。

A. 情绪安抚　　　B. 信息收集　　　C. 意见反馈　　　D. 上报工作

【知识点、考核点】《国家电网有限公司关于印发一线员工供电服务行为规范的通知》，国家电网营销〔2023〕482号。

【答案】BD

21. 根据国家电网营销〔2023〕482号《国家电网有限公司关于印发一线员工供电服务行为规范的通知》，故障抢修作业结束后，确保现场做到（　　）、（　　）、（　　）。

A. 工完 　　　　 B. 料尽 　　　　 C. 场地清 　　　　 D. 现场净

【知识点、考核点】《国家电网有限公司关于印发一线员工供电服务行为规范的通知》，国家电网营销〔2023〕482 号。

【答案】ABC

22. 根据国家电网营销〔2023〕482 号《国家电网有限公司关于印发一线员工供电服务行为规范的通知》，对于（ 　　 ）、（ 　　 ）或（ 　　 ）自有产权配电设施故障停电的，应第一时间上报相关情况，配合用户做好故障抢修。

A. 政府部门 　　　　　　　　　 B. 城中村

C. 大型小区 　　　　　　　　　 D. 重要、敏感民生客户

【知识点、考核点】《国家电网有限公司关于印发一线员工供电服务行为规范的通知》，国家电网营销〔2023〕482 号。

【答案】BCD

23. 根据国家电网营销〔2023〕482 号《国家电网有限公司关于印发一线员工供电服务行为规范的通知》，在故障抢修服务过程中，严禁出现（ 　　 ）行为。

A. 对客户推诿搪塞 　　　　　　 B. 使用不文明用语

C. 与客户争吵 　　　　　　　　 D. 发生肢体冲突

【知识点、考核点】《国家电网有限公司关于印发一线员工供电服务行为规范的通知》，国家电网营销〔2023〕482 号。

【答案】ABCD

24. 根据国家电网营销〔2023〕482 号《国家电网有限公司关于印发一线员工供电服务行为规范的通知》，工作人员不准在故障抢修过程中（ 　　 ）。

A. 刁难客户 　　　 B. 与客户争吵 　　　 C. 吃拿卡要 　　　 D. 酒后上岗

【知识点、考核点】《国家电网有限公司关于印发一线员工供电服务行为规范的通知》，国家电网营销〔2023〕482 号。

【答案】ABCD

25. 根据《国家电网有限公司一线员工供电服务行为规范》，严格履行"两告知一回复"要求，在接到（ 　　 ），第一时间联系客户，并实时告知客户处理进度。

A. 报修工单 　　　 B. 故障报修信息 　　　 C. 到达现场 　　　 D. 结束抢修后

【知识点、考核点】《国家电网有限公司关于印发一线员工供电服务行为规范的通知》，国家电网营销〔2023〕482 号。

【答案】BCD

26. 根据《国家电网有限公司一线员工供电服务行为规范》，故障抢修过程中，遇到表计损坏等情况，应（ 　　 ），并及时告知计量人员现场处理。

A. 先复电　　　　B. 后抢修　　　　C. 先抢修　　　　D. 后复电

【知识点、考核点】《国家电网有限公司关于印发一线员工供电服务行为规范的通知》，国家电网营销〔2023〕482号。

【答案】AB

27. 根据《国家电网有限公司一线员工供电服务行为规范》，发生（　　）停电时，及时发布停电信息，按照故障分级原则，优先处置危及安全、救灾抢险等紧急类事件，如短时无法恢复供电，多渠道公告抢修进度。

A. 大型小区　　　B. 多户　　　　C. 大面积　　　　D. 重要用户

【知识点、考核点】《国家电网有限公司关于印发一线员工供电服务行为规范的通知》，国家电网营销〔2023〕482号。

【答案】BC

28. 根据《国家电网有限公司一线员工供电服务行为规范》，在故障抢修现场，对客户提出的非故障抢修诉求，应耐心解释，做好（　　）和（　　）工作。

A. 信息收集　　　B. 资料收集　　　C. 汇总　　　　D. 上报

【知识点、考核点】《国家电网有限公司关于印发一线员工供电服务行为规范的通知》，国家电网营销〔2023〕482号。

【答案】AD

29. 根据《国家电网有限公司一线员工供电服务行为规范》，不准在故障抢修服务期间（　　）或（　　）。

A. 饮酒　　　　B. 酒后上岗　　　C. 酒后驾车　　　D. 酒后抢修

【知识点、考核点】《国家电网有限公司关于印发一线员工供电服务行为规范的通知》，国家电网营销〔2023〕482号。

【答案】AB

30. 供电服务指挥系统实现了与（　　）的数据交互。

A. 配电自动化主站　B. OMS系统　　　C. PMS系统　　　D. 95598系统

【知识点、考核点】国家电网企管〔2022〕537号《配网抢修指挥故障研判技术导则》。

【答案】ABCD

三、判断题

1. 各地市公司网格化服务渠道人员受理客户紧急服务类一级诉求后，10min内派发工单。各级单位应在工单派发1h内联系客户，48h内调查、处理，答复客户并审核、反馈处理意见，供电服务指挥中心应在接到回复工单后1个工作日内审核、回复（回访）客户。（　　）

【知识点、考核点】国网宁夏电力有限公司网格化服务渠道客户服务管理办法（试行），网格化服务渠道客户服务诉求业务管理。

【答案】错误

2. 各地市公司网格化服务渠道人员受理客户故障报修后，根据报修客户重要程度、停电影响范围等，按照紧急、一般确定故障报修等级，5min 内派发工单。地市、县公司根据紧急程度开展故障抢修工作。（ ）

【知识点、考核点】国网宁夏电力有限公司网格化服务渠道客户服务管理办法（试行），网格化服务渠道客户服务诉求业务管理。

【答案】错误

3. 各级单位提供 24h 电力故障、充电设施故障抢修服务，抢修到达现场时间、恢复供电时间应满足公司对外承诺要求。受理单位应在接到回复工单后 24h 内回复（回访）客户。（ ）

【知识点、考核点】国网宁夏电力有限公司网格化服务渠道客户服务管理办法（试行），网格化服务渠道客户服务诉求业务管理。

【答案】正确

4. 对于客户反映供电企业员工因社会行为违法违规等与供用电业务无关的诉求，各地市公司网格化服务渠道人员应尽量安抚客户，使用规范话术引导客户通过合法渠道反映并办结。

【知识点、考核点】国网宁夏电力有限公司网格化服务渠道客户服务管理办法（试行），（网格）一般诉求业务处理规范。

【答案】正确

5. 95598 客户诉求业务包括投诉、举报（行风问题线索移交）、意见（建议）、故障报修、业务申请、查询咨询。（ ）

【知识点、考核点】国家电网有限公司 95598 客户服务业务管理办法，国网（营销/4）272—2022。

【答案】正确

6. 根据国家电网营销〔2023〕482 号《国家电网有限公司关于印发一线员工供电服务行为规范的通知》故障抢修服务行为规范规定，故障抢修携带的工器具、材料等配置齐备、摆放有序。现场抢修严格遵守标准工艺的要求，一次完成抢修工作。（ ）

【知识点、考核点】《国家电网有限公司关于印发一线员工供电服务行为规范的通知》，国家电网营销〔2023〕482 号。

【答案】正确

7. 根据国家电网营销〔2023〕482 号《国家电网有限公司关于印发一线员工供电服

务行为规范的通知》故障抢修服务行为规范规定,不准在故障抢修服务之前饮酒或酒后上岗。( )

【知识点、考核点】《国家电网有限公司关于印发一线员工供电服务行为规范的通知》,国家电网营销〔2023〕482 号。

【答案】错误

8. 根据国家电网营销〔2023〕482 号《国家电网有限公司关于印发一线员工供电服务行为规范的通知》故障抢修服务行为规范规定,开展故障抢修时,做好安全措施,摆放醒目的警示牌或设置围栏,防止人身伤亡事故。( )

【知识点、考核点】《国家电网有限公司关于印发一线员工供电服务行为规范的通知》,国家电网营销〔2023〕482 号。

【答案】正确

9. 根据国家电网营销〔2023〕482 号《国家电网有限公司关于印发一线员工供电服务行为规范的通知》故障抢修服务行为规范规定,在故障抢修现场,对客户提出的非故障抢修诉求,应耐心解释,争取客户理解。(   )

【知识点、考核点】《国家电网有限公司关于印发一线员工供电服务行为规范的通知》,国家电网营销〔2023〕482 号。

【答案】错误

10. 根据国家电网营销〔2023〕482 号《国家电网有限公司关于印发一线员工供电服务行为规范的通知》故障抢修服务行为规范规定,对于城中村、大型小区或重要、敏感民生客户自有产权配电设施故障停电的,应第一时间上报相关情况,配合用户做好故障抢修,必要时采取应急保电措施,帮助及时恢复供电。(   )

【知识点、考核点】《国家电网有限公司关于印发一线员工供电服务行为规范的通知》,国家电网营销〔2023〕482 号。

【答案】正确

11. 根据国家电网营销〔2023〕482 号《国家电网有限公司关于印发一线员工供电服务行为规范的通知》故障抢修服务行为规范规定,抢修人员下班后可以承揽客户产权设施安装、调试、运维等业务。(   )

【知识点、考核点】《国家电网有限公司关于印发一线员工供电服务行为规范的通知》,国家电网营销〔2023〕482 号。

【答案】错误

12. 根据国家电网营销〔2023〕482 号《国家电网有限公司关于印发一线员工供电服务行为规范的通知》故障抢修服务行为规范规定,不准在故障处理不彻底的情况下强行送电。(   )

【知识点、考核点】《国家电网有限公司关于印发一线员工供电服务行为规范的通知》，国家电网营销〔2023〕482号。

【答案】正确

13. 根据国家电网营销〔2023〕482号《国家电网有限公司关于印发一线员工供电服务行为规范的通知》，故障抢修过程中，遇到表计损坏等情况，应先复电后抢修，并及时告知客户联系计量人员现场处理。（　　）

【知识点、考核点】《国家电网有限公司关于印发一线员工供电服务行为规范的通知》，国家电网营销〔2023〕482号。

【答案】错误

14. 根据国家电网营销〔2023〕482号《国家电网有限公司关于印发一线员工供电服务行为规范的通知》，不准违反省公司公布的供电服务抢修到达现场时限要求。（　　）

【知识点、考核点】《国家电网有限公司关于印发一线员工供电服务行为规范的通知》，国家电网营销〔2023〕482号。

【答案】错误

15. 根据国家电网营销〔2023〕482号《国家电网有限公司关于印发一线员工供电服务行为规范的通知》，客户在抢修现场围观，可能对抢修作业产生一定影响时，应立即驱离闲杂人员，避免造成安全事故。（　　）

【知识点、考核点】《国家电网有限公司关于印发一线员工供电服务行为规范的通知》，国家电网营销〔2023〕482号。

【答案】错误

16. 根据《国家电网有限公司一线员工供电服务行为规范》，严格履行"两告知一回复"要求，在接到故障报修信息、到达现场、结束抢修后，5min内联系客户，并实时告知客户处理进度。（　　）

【知识点、考核点】《国家电网有限公司关于印发一线员工供电服务行为规范的通知》，国家电网营销〔2023〕482号。

【答案】错误

17. 根据《国家电网有限公司一线员工供电服务行为规范》，故障抢修人员着装规范、佩戴工作牌，抢修车辆进入客户单位或居民小区减速慢行，注意停放位置，礼让行人。（　　）

【知识点、考核点】《国家电网有限公司关于印发一线员工供电服务行为规范的通知》，国家电网营销〔2023〕482号。

【答案】正确

18. 根据《国家电网有限公司一线员工供电服务行为规范》，故障抢修携带的工器具、

材料等配置齐备、摆放有序。现场抢修严格遵守标准工艺的要求，一次完成抢修工作。（　　）

【知识点、考核点】《国家电网有限公司关于印发一线员工供电服务行为规范的通知》，国家电网营销〔2023〕482 号。

【答案】正确

19. 根据《国家电网有限公司一线员工供电服务行为规范》，开展故障抢修时，做好安全措施，摆放醒目的警示牌或设置围栏，防止人身伤亡事故。（　　）

【知识点、考核点】《国家电网有限公司关于印发一线员工供电服务行为规范的通知》，国家电网营销〔2023〕482 号。

【答案】正确

20. 根据《国家电网有限公司一线员工供电服务行为规范》，对单户报修，现场抢修前先核实客户交费状态，如判定为客户欠费停电，及时通知相关人员联系客户处理。（　　）

【知识点、考核点】《国家电网有限公司关于印发一线员工供电服务行为规范的通知》，国家电网营销〔2023〕482 号。

【答案】正确

21. 根据《国家电网有限公司一线员工供电服务行为规范》，故障抢修作业结束后，确保现场做到"工完、料尽、场地清"，并向客户交待有关注意事项，主动征求客户意见。（　　）

【知识点、考核点】《国家电网有限公司关于印发一线员工供电服务行为规范的通知》，国家电网营销〔2023〕482 号。

【答案】正确

22. 根据《国家电网有限公司一线员工供电服务行为规范》，对于城中村、大型小区或重要、敏感民生客户自有产权配电设施故障停电的，应第一时间上报相关情况，配合用户做好故障抢修，必要时采取应急保电措施，帮助及时恢复供电。（　　）

【知识点、考核点】《国家电网有限公司关于印发一线员工供电服务行为规范的通知》，国家电网营销〔2023〕482 号。

【答案】正确

23. 根据《国家电网有限公司一线员工供电服务行为规范》，不准违反公司公布的供电服务抢修到达现场时限要求。（　　）

【知识点、考核点】《国家电网有限公司关于印发一线员工供电服务行为规范的通知》，国家电网营销〔2023〕482 号。

【答案】正确

24. 根据《国家电网有限公司一线员工供电服务行为规范》，不准在故障抢修服务过程中对客户推诿搪塞、使用不文明用语、与客户争吵、发生肢体冲突等。（   ）

【知识点、考核点】《国家电网有限公司关于印发一线员工供电服务行为规范的通知》，国家电网营销〔2023〕482 号。

【答案】正确

25. 根据《国家电网有限公司一线员工供电服务行为规范》，不准在故障处理不彻底的情况下强行送电。（   ）

【知识点、考核点】《国家电网有限公司关于印发一线员工供电服务行为规范的通知》，国家电网营销〔2023〕482 号。

【答案】正确

26. 根据《国家电网有限公司一线员工供电服务行为规范》，不准在故障抢修过程中刁难客户、吃拿卡要。（   ）

【知识点、考核点】《国家电网有限公司关于印发一线员工供电服务行为规范的通知》，国家电网营销〔2023〕482 号。

【答案】正确

27. 根据《国家电网有限公司一线员工供电服务行为规范》，不准私自承揽客户产权设施施工、调试、运维等业务。（   ）

【知识点、考核点】《国家电网有限公司关于印发一线员工供电服务行为规范的通知》，国家电网营销〔2023〕482 号。

【答案】错误

28. 根据《国家电网有限公司一线员工供电服务行为规范》，不准在故障抢修服务期间饮酒或酒后上岗。（   ）

【知识点、考核点】《国家电网有限公司关于印发一线员工供电服务行为规范的通知》，国家电网营销〔2023〕482 号。

【答案】正确

29. 根据《国家电网有限公司一线员工供电服务行为规范》，开展故障抢修时，做好安全措施，摆放醒目的防护栏或设置围栏，防止人身伤亡事故。（   ）

【知识点、考核点】《国家电网有限公司关于印发一线员工供电服务行为规范的通知》，国家电网营销〔2023〕482 号。

【答案】错误

30. 根据《国家电网有限公司一线员工供电服务行为规范》，不准虚报联系客户时间、到达现场时间、抢修完成时间和处理结果等信息。（   ）

【知识点、考核点】《国家电网有限公司关于印发一线员工供电服务行为规范的通

知》，国家电网营销〔2023〕482 号。

【答案】错误

四、简答题

1. 国网宁夏电力有限公司网格化服务渠道客户服务管理办法（试行）中，地市公司供电服务指挥中心（配网调控中心）主要负责哪些工作？

【知识点、考核点】国网宁夏电力有限公司网格化服务渠道客户服务管理办法（试行），工作职责划分。

【答案】

（一）负责 7×24h 受理本单位范围内客户故障报修、查询咨询、业务申请及信息告知等用电诉求，不得受理投诉、意见、举报等诉求。

（二）负责本单位网格化服务渠道工单受理派发、协调指挥、工单审核、跟踪督办等日常运营工作，开展网格化服务渠道业务的质量评价，提出考核建议。

（三）负责统计分析本单位网格化服务渠道业务的数据和运营情况，编制相关分析报告，提出供电服务改进意见。

（四）负责本单位网格化服务渠道风险预警发布及过程管控。

（五）配合本单位设备部、营销部、调控专业做好网格化服务渠道业务的相关支撑工作。

2. 国网宁夏电力有限公司网格化服务渠道客户服务管理办法（试行）中，地市、区（县）供电公司及乡镇供电所是本单位网格化服务渠道客户服务业务支撑部门，主要负责哪些工作？

【知识点、考核点】国网宁夏电力有限公司网格化服务渠道客户服务管理办法（试行），工作职责划分。

【答案】

地市、区（县）供电公司及乡镇供电所是本单位网格化服务渠道客户服务业务支撑部门，主要负责以下工作：

（一）负责接收本单位范围内网格化服务渠道客户诉求，组织开展报修、查询咨询、业务申请处理等工作。

（二）负责本单位网格化服务渠道质量反馈和整改工作。

（三）负责对本单位网格化服务渠道运营情况开展分析统计工作。

（四）密切关注全渠道所涉及的供电服务的舆情信息，及时发现有可能成为热点的问题，实时跟踪舆论动态，及时做好舆情风险处置工作、并将处置情况进行上报。

（五）负责对本单位客户诉求涉及"三指定""乱收费"、供电营业厅服务等问题进行核查处理、落实整改。

3. 客户反映多个诉求时，如何准确派发工单？

【知识点、考核点】国网宁夏电力有限公司网格化服务渠道客户服务管理办法（试行），网格化服务渠道客户服务诉求业务管理。

【答案】

客户反映多个诉求按照如下要求派发工单：

（1）业务类型不同，按照业务类型的最高等级派发。

（2）业务类型相同，按照客户主要诉求所属的业务子类派发。

（3）对于时效性要求紧急的业务，应分别派发工单。

（4）属于不同供电单位的，按供电单位分别派发工单。

4. 网格化服务渠道客户服务管理办法中，工单合并有哪些要求？

【知识点、考核点】国网宁夏电力有限公司网格化服务渠道客户服务管理办法（试行），网格化服务渠道客户服务诉求业务管理。

【答案】

工单合并应符合以下要求：

（1）除故障报修工单外，其他工单不允许合并。

（2）工单流转各环节均可以对工单进行合并，合并时应经过核实，不得随意合并。

（3）合并后的工单处理完毕后，需回复（回访）所有工单。

（4）公司设备部对故障报修工单合并情况进行不定期抽检和考核。

5. 网格化服务渠道客户服务管理办法中，工单回退有哪些要求？

【知识点、考核点】国网宁夏电力有限公司网格化服务渠道客户服务管理办法（试行），网格化服务渠道客户服务诉求业务管理。

【答案】

工单回退应符合以下要求：

（1）各级单位对各类型工单在供电单位派发错误时，各单位供电服务指挥中心可在接单分理环节"同级转派"。

（2）各级单位对客户联系方式、姓名、户号、地址等信息错误、缺失、业务分类错误的各类型工单，填写退单原因及依据后将工单退回受理单位。为保证客户诉求及时传递，受理单位应进行业务类型变更、派发区域修改等工单处理操作。

（3）受理单位在回复（回访）过程中，对工单填写不规范、回复结果违反政策法规、工单填写内容与回复（回访）结果不一致等，且基层单位未提供有效证明材料或客户对证明材料有异议的，客户要求合理的，填写退单原因及依据后将工单回退至工单处理部门。

6. 网格化服务渠道客户服务管理办法中，工单回复（回访）有何要求？

【知识点、考核点】国网宁夏电力有限公司网格化服务渠道客户服务管理办法（试行），网格化服务渠道客户服务诉求业务管理。

【答案】

工单回复（回访）应符合以下规范要求：

（1）原则上派发工单应实现百分百回复（回访），如实记录客户意见和满意度评价；表扬、匿名、客户明确要求不需回复（回访）的工单不进行回复（回访）。

（2）原则上每日 12:00—14:00 及 21:00—次日 8:00 期间不得开展客户回复（回访），网格化服务渠道人员在回复（回访）客户前应熟悉工单回复内容，不得通过阅读工单"回复内容"的方式回访客户。遇客户不方便时，应按与客户约定时间完成回复（回访）。

（3）由于客户原因导致回复（回访）不成功的，受理单位回复（回访）应安排不少于 3 次，每次间隔不小于 2h。3 次回访失败应写明原因，并办结工单。

（4）回复（回访）时客户提供新证据或提出新诉求，正常开展原诉求满意度回访，新证据或新诉求应派发新工单，不应回退原工单；当客户对处理结果不认可时，应解释办结。

7. 营业窗口服务规范性核查主要包括哪些内容？

【知识点、考核点】营业窗口服务规范性核查。

【答案】

营业窗口服务规范性核查主要包括营业时间监控、服务环境监控、行为规范监控、仪容仪表监控四个部分。具体内容如下：

（1）营业时间监控。重点核查营业窗口工作人员不按时上岗、提前下班、营业时间无人值班等营业时间不规范问题。

（2）服务环境监控。重点核查营业窗口环境卫生、服务设施定置不规范问题。

（3）行为规范监控。重点核查营业窗口工作人员是否存在睡觉、聊天、抽烟、吃零食、长时间操作个人电子设备及离岗不摆放"暂停服务"标识牌等行为不规范的问题。

（4）仪容仪表监控。重点核查营业窗口工作人员是否穿着统一工装、发型发式是否符合规范要求等。

8. 坚持以客户为中心提升优质服务水平的重点任务是什么？

【知识点、考核点】坚持以客户为中心提升优质服务水平的重点任务。

【答案】

（1）大力实施八大服务工程，努力夯实服务民生之本。

（2）服务电力市场化发展，有效释放改革红利。

（3）深化"互联网 + 营销服务"，拓展服务新模式。

（4）开拓能源服务新业态，满足客户多元化用能需求。

（5）有效解决服务短板，持续提升客户体验。

（6）构建供电服务新体系，为提升服务水平注入活力。

9. 紧急服务类一级诉求受理判定标准是什么？

【知识点、考核点】国网宁夏电力有限公司网格化服务渠道客户服务管理办法（试行），（网格）紧急服务类诉求业务处理规范。

【答案】

客户在人工服务通话（会话）中明确表达不满，严重影响客户体验，且诉求符合投诉判定要点的，派发紧急服务类一级工单。

触碰供电服务"十项承诺"、员工服务"十个不准"等红线问题，派发紧急服务类一级工单。

10. 生产类停送电信息报送内容主要包括哪些？

【知识点、考核点】国家电网有限公司 95598 客户服务业务管理办法，国网（营销/4）272—2022。

【答案】

报送内容主要包括：供电单位、停电类型、停电区域、停电范围、停送电信息状态、停电计划时间、停电原因、现场送电类型、停送电变更时间、现场送电时间、发布渠道、高危及重要用户、客户清单、设备清单等信息。

11. 供电服务知识的含义是什么？

【知识点、考核点】国家电网有限公司 95598 客户服务业务管理办法，国网（营销/4）272—2022。

【答案】

供电服务知识是为支撑供电服务、充电服务及电 e 宝服务，规范、高效解决客户诉求，从有关法律法规、政策文件、业务标准、技术规范中归纳、提炼形成的服务信息集成，以及为提升 95598 供电服务人员的业务和技能水平所需的支撑材料。

12. 省公司 95598 客户诉求业务评价指标包含哪些？

【知识点、考核点】国家电网有限公司 95598 客户服务业务管理办法，国网（营销/4）272—2022。

【答案】

省公司 95598 客户诉求业务评价指标包含：

（1）95598 业务处理满意率。

（2）业务处理及时率。

（3）省公司工单接派单及时率。

（4）地市公司工单接派单及时率。

（5）故障报修兑现承诺率。

（6）重复诉求。

指标定义：一个月内同一客户、同一电话号码对同一事件重复致电两次及以上的事件数（注：一个月指月度报表统计周期）。

（7）客户诉求升级率。

（8）营销服务舆情发生率。

13. 省公司 95598 服务支持评价指标中，生产类停送电信息报送合格率定义及计算方法是什么？

【知识点、考核点】国家电网有限公司 95598 客户服务业务管理办法，国网（营销/4）272—2022。

【答案】

生产类停送电信息报送合格率指：各单位及时报送的合格生产类停送电信息数，占已报送生产类停送电信息总数的比例。

计算方法：生产类停送电信息报送合格率＝及时报送的合格生产类停送电信息数/已报送生产类停送电信息上报总数×100%。

14. 省公司 95598 服务支持评价指标中，知识报送合格率定义及计算方法是什么？

【知识点、考核点】国家电网有限公司 95598 客户服务业务管理办法，国网（营销/4）272—2022。

【答案】

知识报送合格率指：在规定的时间内报送的及时、准确知识信息数量，占应报送知识信息总数的比例。

计算方法：知识报送合格率＝规定时间准确、及时、规范报送的知识数/国网客服中心下达需更新的知识数×100%。

15. 省公司 95598 服务支持评价指标中，营销服务类信息报送合格率定义及计算方法是什么？

【知识点、考核点】国家电网有限公司 95598 客户服务业务管理办法，国网（营销/4）272—2022。

【答案】

营销服务类信息报送合格率指：在规定的时间内营销服务类报告、报表信息报送的合格、准确信息数量，占应报送信息总数的比例。

计算方法：营销服务类信息报送合格率＝［1－（报告及报表类等信息报送不及时数＋报告及报表类信息报送不合格数）/需报送总数］×100%。

16. 停送电信息报送的时间及渠道要求是什么？

【知识点、考核点】国网宁夏电力有限公司停电信息管理规范（试行）。

【答案】

各区（县）公司须将涉及客户停电的计划检修及临时检修按时限要求在供电服务指挥系统中进行录入，月计划检修应在计划执行前一个日历月的 22 日前录入，周检修计划需提前 15 天、临时检修计划需提前 2 天录入，并由供电服务指挥中心服务指挥班按照计划检修提前 7 天、临时检修提前 24h 的要求，对录入上报的检修计划进行审核发布报送至国网客服中心，并同步推送至网上国网 App、95598 网站、国网宁夏电力网上营业厅微信公众号。

17. 区（县）供电公司根据各自设备管辖范围编译的生产类停送电信息应包含哪些内容？

【知识点、考核点】国网宁夏电力有限公司停电信息管理规范（试行）。

【答案】

区（县）供电公司根据各自设备管辖范围编译的生产类停送电信息应包含：供电单位、停电类型、停电区域（设备）、停送电信息状态、停电计划时间、停电原因、现场送电类型、现场送电时间、高危及重要客户、发布渠道等信息。

18. 配变及以上的停送电信息，需通过供电服务指挥系统停送电信息管理模块编译报送。服务指挥班的主要负责哪些内容？

【知识点、考核点】国网宁夏电力有限公司停电信息管理规范（试行）。

【答案】

服务指挥班负责对各区县公司录入的停电信息进行审核和发布，同步依托供电服务指挥系统获取的 PMS 及营销系统基础数据信息（包含但不限于站、线、变、箱、表、户关系等）开展停电信息精准分析、短信通知到户工作，以确保停电信息报送的及时性、准确性、完整性。

19. 超电网供电能力需停电时，停电信息报送要求什么？

【知识点、考核点】国网宁夏电力有限公司停电信息管理规范（试行）。

【答案】

超电网供电能力需停电时，原则上应提前在供电服务指挥系统中报送停限电范围及停送电时间，无法预判的停电拉路应在执行后 15min 内报送停限电范围及停送电时间。现场送电后，应在 30min 内填报送电时间。

20. 除因故中止供电外，需对客户停止供电时，应履行什么停电手续？

【知识点、考核点】国网宁夏电力有限公司停电信息管理规范（试行）。

【答案】

除因故中止供电外，需对客户停止供电时，应按下列程序办理停电手续：

（1）应将停电的客户、原因、时间报本单位负责人批准。批准权限和程序由省公司设备部、营销部按照各自职责制定。

（2）在停电前 3～7 天内，将停电通知书送达客户，对重要客户的停电，应将停电通知书报送同级电力管理部门。

（3）在停电前 30min，将停电时间再通知客户一次，方可在通知规定时间实施停电。

21. 因故需要中止供电时，事先通知客户或进行公告有哪些要求？

【知识点、考核点】国网宁夏电力有限公司停电信息管理规范（试行）。

【答案】

因故需要中止供电时，应按下列要求事先通知客户或进行公告：

（1）因供电设施计划检修需要停电时，应提前 7 天通知客户或进行公告。

（2）因供电设施临时检修需要停止供电时，应当提前 24h 通知重要客户或进行。

22. 供电企业供电的额定电压有什么要求？

【知识点、考核点】2024 年 2 月 8 日国家发展改革委令第 14 号《供电营业规则》。

【答案】

（1）低压供电：单相为 220V，三相三线为 380V，三相四线为 380/220V。

（2）高压供电：为 10（6、20）、35、110（66）、220（330）kV。

用户需要的电压等级不在上列范围时，应当自行采取变压措施解决。

用户需要的电压等级在 110kV 以上时，其受电装置应当作为终端变电站设计。

23. 供电企业对用户供电的容量有什么要求？

【知识点、考核点】2024 年 2 月 8 日国家发展改革委令第 14 号《供电营业规则》。

【答案】

用户单相用电设备总容量 12kW 以下的可以采用低压 220V 供电，但有单台设备容量超过 1kW 的单相电焊机、换流设备时，用户应当采取有效的技术措施以消除对电能质量的影响，否则应当改为其他方式供电。

用户用电设备总容量 160kW 以下的，可以采用低压三相制供电，特殊情况也可以采用高压供电。

24. 在计算转供户用电量、最大需量及功率因数调整电费时，应当扣除被转供户、公用线路与变压器消耗的有功、无功电量。最大需量折算有什么规定？

【知识点、考核点】2024 年 2 月 8 日国家发展改革委令第 14 号《供电营业规则》。

【答案】

（1）照明及一班制：每月用电量 180kWh，折合为 1kW。

（2）二班制：每月用电量 360kWh，折合为 1kW。

（3）三班制：每月用电量 540kWh，折合为 1kW。

（4）农业用电：每月用电量 270kWh，折合为 1kW。

25. 用户申请新装或增容时，应当向供电企业提供哪些申请资料？

【知识点、考核点】2024 年 2 月 8 日国家发展改革委令第 14 号《供电营业规则》。

【答案】

（1）低压用户需提供用电人有效身份证件、用电地址物权证件，居民自用充电桩需按照国家有关规定提供相关材料。

（2）高压用户需提供用电人有效身份证件、用电地址物权证件、用电工程项目批准文件、用电设备清单，国家政策另有规定的，按照相关规定执行。

供电企业采用转移负荷或分流改造等方式后仍然存在供电能力不足或政府规定限制的用电项目，供电企业可以通知用户暂缓办理。

26. 用户暂换（因受电变压器故障而无相同容量变压器替代，需要临时更换其他容量变压器），应当在更换前向供电企业提出申请，供电企业应遵循哪些规定？

【知识点、考核点】2024 年 2 月 8 日国家发展改革委令第 14 号《供电营业规则》。

【答案】

供电企业应当按照下列规定办理：

（1）应当在原受电地点内整台暂换受电变压器。

（2）暂换变压器的使用时间，10（6、20）kV 以下的不得超过两个月，35kV 以上的不得超过三个月，逾期不办理手续的，供电企业可以中止供电。

（3）暂换和暂换恢复的变压器经检验合格后才能投入运行。

（4）两部制电价用户须在暂换之日起，按照替换后的变压器容量计收容（需）量电费。

27. 用户迁址，应当向供电企业提出申请，供电企业应遵循哪些规定？

【知识点、考核点】2024 年 2 月 8 日国家发展改革委令第 14 号《供电营业规则》。

【答案】

供电企业应当按照下列规定办理：

（1）原址按照终止用电办理，供电企业予以销户。新址用电优先受理。

（2）迁移后的新址不在原供电点供电的，新址用电按照新装用电办理。

（3）迁移后的新址仍在原供电点，但新址用电容量超过原址用电容量的，超过部分按照增容办理；新址用电引起的用户产权范围内工程费用由用户负担。

（4）私自迁移用电地址用电的，除按照本规则第一百零一条第四项处理外，自迁新址不论是否引起供电点变动，一律按照新装用电办理。

28. 用户移表（因修缮房屋或其他原因需要移动电能计量装置安装位置），应当向供电企业提出申请，供电企业应遵循哪些规定？

【知识点、考核点】2024 年 2 月 8 日国家发展改革委令第 14 号《供电营业规则》。

【答案】

供电企业应当按照下列规定办理：

（1）在用电地址、用电容量、用电类别、供电点等不变情况下，可以办理移表手续。

（2）移表所需的用户产权范围内工程费用由用户负担。

（3）用户不论何种原因，不得自行移动表位，否则，可以按照本规则第一百零一条第四项处理。

29. 用户过户，应当持有关证明向供电企业提出申请，供电企业应遵循哪些规定？

【知识点、考核点】2024 年 2 月 8 日国家发展改革委令第 14 号《供电营业规则》。

【答案】

供电企业应当按照下列规定办理：

（1）在用电地址、用电容量不变条件下，可以办理过户。

（2）原用户应当与供电企业结清债务，才能解除原供用电关系。

（3）不申请办理过户手续而私自过户的，新用户应当承担原用户所负债务；供电企业发现用户私自过户时，供电企业应当通知该户补办手续，必要时可以中止供电。

30. 用户销户，应当向供电企业提出申请，供电企业应遵循哪些规定？

【知识点、考核点】2024 年 2 月 8 日国家发展改革委令第 14 号《供电营业规则》。

【答案】

供电企业应当按照下列规定办理：

（1）销户应当停止全部用电容量的使用。

（2）供用电双方结清电费。

（3）查验电能计量装置完好性后，拆除接户线和电能计量装置。

办完上述事宜，即完成销户，解除供用电关系。

用户连续六个月不用电，且经现场确认不具备继续用电条件或存在安全用电隐患的，供电企业应当向用户进行告知，或公告一个月后予以销户。用户需再用电时，按照新装用电办理。

31. 用户改压（因用户原因需要在原址改变供电电压等级），应当向供电企业提出申请，供电企业应遵循哪些规定？

【知识点、考核点】2024 年 2 月 8 日国家发展改革委令第 14 号《供电营业规则》。

【答案】

供电企业应当按照下列规定办理：

（1）改变电压等级供电，超过原容量者，超过部分按照增容办理。

（2）改压引起的用户产权范围内工程费用由用户负担。

由于供电企业的原因引起用户供电电压等级变化的，改压引起的用户产权范围外工程费用由供电企业负担。

32. 用户改类，应当向供电企业提出申请，供电企业应遵循哪些规定？

【知识点、考核点】2024 年 2 月 8 日国家发展改革委令第 14 号《供电营业规则》。

【答案】

供电企业应当按照下列规定办理：

（1）在同一受电设施内，因电力用途发生变化而引起电价类别、用电类别变化的，应当办理该类手续。

（2）用户根据国家电价政策的规定，申请两部制电价、分时电价、阶梯电价等电价变更的，应当办理该类手续。

（3）擅自改变用电类别的，按照本规则第一百零一条第一项处理。

33. 新建居民住宅小区供电设施应当按照国家相关政策要求及技术标准进行建设，具体有哪些要求？

【知识点、考核点】2024 年 2 月 8 日国家发展改革委令第 14 号《供电营业规则》。

【答案】

（1）高层小区一级负荷应当采用双重电源供电；特级负荷除双重电源供电外，还应增设应急电源供电，并严禁将其他负荷接入应急供电系统；二级负荷宜采用双回线路供电。

（2）新建居民住宅小区应当合理规划确定配用电设施位置，满足防洪防涝相关要求，设置应急移动电源接口。

34. 在电力系统正常状况下，供电电压质量中供电频率的允许偏有什么要求？

【知识点、考核点】2024 年 2 月 8 日国家发展改革委令第 14 号《供电营业规则》。

【答案】

（1）电网装机容量在 300 万 kW 以上的，为 ±0.2Hz。

（2）电网装机容量不足 300 万 kW 的，为 ±0.5Hz。

在电力系统非正常状况下，供电频率允许偏差不应超过 ±1.0Hz。

35. 在电力系统正常状况下，供电企业供到用户受电端的供电电压允许偏差有什么要求？

【知识点、考核点】2024 年 2 月 8 日国家发展改革委令第 14 号《供电营业规则》。

【答案】

（1）35kV 以上电压供电的，电压正、负偏差的绝对值之和不超过额定值的 10%。

（2）10（6、20）kV 以下三相供电的，为额定值的±7%。

（3）220V 单相供电的，为额定值的＋7%、－10%。

在电力系统非正常状况下，用户受电端的电压最大允许偏差不应超过额定值的±10%。用户用电功率因数达不到本规则第四十五条规定的，其受电端的电压偏差不受此限制。

36. 供电企业应当不断改善供电可靠性，减少设备检修和电力系统事故对用户的停电次数及每次停电持续时间。计划检修频次有哪些要求？

【知识点、考核点】2024 年 2 月 8 日国家发展改革委令第 14 号《供电营业规则》。

【答案】

供用电设备计划检修应当做到统一安排。供电设备计划检修时，对 35kV 以上电压供电的用户的停电次数，每年不应超过一次；对 10（6、20）kV 供电的用户，每年不应超过三次。

37. 用户发生用电事故，应当按照法律法规规定向地方政府有关部门报告，供电企业应当协助有关部门开展调查。发生哪些事故，还应当同时告知供电企业？

【知识点、考核点】2024 年 2 月 8 日国家发展改革委令第 14 号《供电营业规则》。

【答案】

（1）人身触电死亡。

（2）导致电力系统停电。

（3）专线掉闸或全厂停电。

（4）电气火灾。

（5）重要或大型电气设备损坏。

（6）停电期间向电力系统倒送电。

38. 不同电压等级接入的供电用户，电能计量有什么哪些要求？

【知识点、考核点】2024 年 2 月 8 日国家发展改革委令第 14 号《供电营业规则》。

【答案】

对 10（6、20）kV 以下电压供电的用户，应当配置专用的电能计量柜（箱）；对 35kV 以上电压供电的用户，应当有专用的电流互感器二次线圈和专用的电压互感器二次连接线，并不得与保护、测量回路共用。电压互感器专用回路的电压降不得超过允许值。超过允许值时，应当予以改造或采取必要的技术措施予以更正。

39. 用户在供电企业规定的期限内未交清电费时，应当承担电费滞纳的违约责任。电费违约金从逾期之日起计算至交纳日止。每日电费违约金计算有哪些规定？

【知识点、考核点】2024 年 2 月 8 日国家发展改革委令第 14 号《供电营业规则》。

【答案】

（一）居民用户每日按照欠费总额的千分之一计算；

（二）其他用户：

（1）当年欠费部分，每日按照欠费总额的千分之二计算。

（2）跨日历年欠费部分，每日按照欠费总额的千分之三计算。

电费违约金收取总额按日累加计收。

40. 供电营业规则中，窃电行为包括哪些？

【知识点、考核点】2024 年 2 月 8 日国家发展改革委令第 14 号《供电营业规则》。

【答案】

（1）在供电企业的供电设施上，擅自接线用电。

（2）绕越供电企业电能计量装置用电。

（3）伪造或者开启供电企业加封的电能计量装置封印用电。

（4）故意损坏供电企业电能计量装置。

（5）故意使供电企业电能计量装置不准或者失效。

（6）采用其他方法窃电。

41. 故障报修工单对故障处理环节有哪些要求？

【知识点、考核点】《配网调控实用技术问答》。

【答案】

（1）抢修人员接到抢修任务后，应主动联系客户，了解故障情况，并告知客户预计到达的时间。

（2）抢修人员到达现场后，检查故障情况，属于供电企业产权的立即进行修复并记录故障类型和故障原因，属于客户产权的告知用户自行处理。

42. 抢修人员到达故障现场及录入系统时限应符合哪些条件？

【知识点、考核点】《配网调控实用技术问答》。

【答案】

抢修人员到达故障现场时限应符合：一般情况下，城区范围不超过 45min，农村地区不超过 90min，特殊边远地区不超过 120min。具备条件的单位采用最终模式，抢修人员到达故障现场后 5min 内将到达现场时间录入系统；不具备条件的单位采用过渡模式，抢修人员到达故障现场后 5min 内向本单位调控机构反馈，暂由调控中心在 5min 内将到达现场时间录入系统。

43. 生产类停送电信息的编译规范有哪些内容？

【知识点、考核点】《配网调控实用技术问答》。

【答案】

（1）地市、县公司调控机构、运检部根据各自设备管辖范围编译的生产类停送电信息应包含：供电单位、停电类型、停电区域（设备）、停电范围（高危及重要客户）、停送电信息状态、停电计划时间、停电原因、现场送电类型、停送电变更时间、现场送电时间等信息。

（2）地、县公司营销部在配合编译生产类停送电信息时，编译内容应包含：高危及重要客户、停送电信息发布渠道等信息。

44. 故障报修类型？

【知识点、考核点】故障报修。

【答案】

故障报修类型分为高压故障、低压故障、电能质量故障、非电力故障、计量故障、充电设施故障六类。

（1）高压故障是指电力系统中高压电气设备（电压等级在 1kV 以上者）的故障，主要包括高压线路、高压变电设备故障等。

（2）低压故障是指电力系统低压电气设备（电压等级在 1kV 及以下者）的故障，主要包括低压线路、进户装置、低压公共设备等。

（3）电能质量故障是指由于供电电压偏差或波动导致用电设备无法正常工作的故障，主要包括电压高、电压低、电压波动等。

（4）非电力故障是指供电企业产权的供电设施损坏但暂时不影响运行、非供电企业产权的电力设备设施发生故障、非电力设施发生故障等情况，主要包括客户误报、紧急消缺、第三方资产（非电力设施）、客户内部故障等。

（5）计量故障是指计量设备、用电采集设备故障，主要包括高压计量设备、低压计量设备、用电信息采集设备故障等。

（6）充电设施故障是指充电设施无法正常使用或存在安全隐患等情况，主要包括充电桩故障、设备损坏等。

45. 网格化服务渠道客户诉求业务管理的内容是？

【知识点、考核点】故障报修。

【答案】

各地市公司网格化服务渠道人员为客户提供"7×24"h 服务，受理客户诉求时，应落实"首问负责制"，可立即办结的业务直接答复并办结工单；不能立即办结的业务，派发工单至责任单位处理，各单位处理完毕后将工单反馈至受理单位，由受理单位回复（回访）客户。

95598 客户诉求业务包括紧急服务类一级、紧急服务类二级、紧急服务类三级、故障报修、业务申请、查询咨询。

46. 办理各子类业务工单处理时限要求是？

【知识点、考核点】工单办理。

【答案】

（1）已结清欠费的复电登记业务 24h 内为客户恢复送电，送电后 1 个工作日内回复工单。

（2）电器损坏业务 24h 内到达现场核查，业务处理完毕后 1 个工作日内回复工单。

（3）办电预受理业务 1 个工作日内核实并回复工单。

（4）电能表异常、电表数据异常、校验电表业务 5 个工作日内处理并回复工单。

（5）其他业务申请类工单 5 个工作日内处理完毕并回复工单。

47. 信息查询、客户咨询、表扬、线上办电审核业务处理时限要求？

【知识点、考核点】一般诉求业务处理规范。

【答案】

（1）客户咨询：2 个工作日内处理并回复工单。

（2）表扬：4 个工作日内核实。

（3）线上办电审核：根据客户办电类型在规定时间内处理并回复工单。

48. 停送电信息发布渠道？

【知识点、考核点】停送电信息报送。

【答案】

停电信息的发布渠道有：国网 95598 客服热线、网上国网 App、95598 网站、国网宁夏电力网上营业厅微信公众号、短信等线上渠道以及向产权单位、小区物业、村（镇）公示栏发送纸质通知单等线下渠道。

五、论述题

1.（网格）紧急服务类诉求业务处理规范中接单分离要求是什么？

【知识点、考核点】国网宁夏电力有限公司网格化服务渠道客户服务管理办法（试行），（网格）紧急服务类诉求业务处理规范。

【答案】

接单分理按照以下规定执行：

（1）紧急服务类一级。

各地市公司供电服务指挥中心在接收紧急服务类一级工单后，应在 20min 内完成转派，如可直接处理，按照业务处理时限要求回复工单。

（2）紧急服务类二级。

各地市公司供电服务指挥中心在接收紧急服务类二级工单后，应在 2h 内完成转派，如可直接处理，按照业务处理时限要求回复工单。

（3）紧急服务类三级。

各地市公司供电服务指挥中心在接收紧急服务类三级工单后，应在2h内完成转派，如可直接处理，按照业务处理时限要求回复工单。

2.（网格）紧急服务类诉求业务处理规范中工单处理要求是什么？

【知识点、考核点】 国网宁夏电力有限公司网格化服务渠道客户服务管理办法（试行），（网格）紧急服务类诉求业务处理规范。

【答案】

工单处理要求是：

（1）紧急服务类一级。

地市、区（县）供电公司及乡镇供电所从各地市公司网格化服务渠道人员受理客户紧急服务类一级诉求（客户挂断电话）后1h内联系客户，48h内调查、处理，答复客户，并反馈供电服务指挥中心。

工单反馈内容应真实、准确、全面，符合法律法规、行业规范、规章制度等相关要求。

地市、区（县）供电公司及乡镇供电所在调查结束后，对属实投诉应进行责任标记。

（2）紧急服务类二级（举报）。

紧急服务类二级工单48h内处理并回复工单。

（3）紧急服务类三级。

紧急服务类三级工单48h内处理并回复工单。

3.（网格）紧急服务类诉求业务处理规范中工单回复（回访）要求是什么？

【知识点、考核点】 国网宁夏电力有限公司网格化服务渠道客户服务管理办法（试行），（网格）紧急服务类诉求业务处理规范。

【答案】

工单回复（回访）要求有：

（1）各地市公司网格化服务渠道人员应在回单后1个工作日内完成回复（回访），如实记录客户意见和满意度评价，客户明确提出不需回复（回访）及外部渠道转办诉求中无联系方式的工单，不进行回复（回访）。

（2）回复（回访）时存在以下问题，应将工单回退：

1）工单填写存在不规范。

2）回复结果未对客户诉求逐一答复。

3）回复结果违反有关政策法规。

4）客户表述内容与处理部门回复内容不一致，且未提供支撑说明。

5）处理部门对95598客户紧急服务类一级诉求属实性认定错误或强迫客户撤诉。

4. 国家电网有限公司 95598 客户服务业务管理办法中,地市公司供电服务指挥中心(配网调控中心)主要负责什么?

【知识点、考核点】国家电网有限公司 95598 客户服务业务管理办法,国网(营销/4)272—2022。

【答案】

地市公司供电服务指挥中心(配网调控中心)主要负责以下工作:

(一)负责本单位 95598 工单接派、协调指挥、回单审核、跟踪督办等日常运营工作,开展 95598 业务的质量评价,提出考核建议。

(一)负责统计分析本单位 95598 业务数据和运营情况,编制相关分析报告,提出供电服务改进建议。

(二)负责本单位 95598 服务支持工作,开展本单位申诉、知识管理、非天气类重要服务事项报备的发起及天气类重要服务事项报备的发起应用工作。

(四)负责本单位服务风险预警发布及过程管控。

(五)配合本单位设备、营销、调控专业做好 95598 业务运营的相关支撑工作。

(六)负责停送电信息收集、录入、发布,并定期开展本单位停送电信息质量检查、评价工作。

5. 生产类停送电信息报送时限要求是什么?

【知识点、考核点】国家电网有限公司 95598 客户服务业务管理办法,国网(营销/4)272—2022。

【答案】

报送时限应符合以下要求:

(1)计划停送电信息应提前 7 天向国网客服中心报送。

(2)临时停送电信息应提前 24h 向国网客服中心报送。

(3)故障停送电信息:配电自动化系统覆盖的设备跳闸停电后,应在 15min 内向国网客服中心报送。配电自动化系统未覆盖的设备跳闸停电后,应在抢修人员到达现场确认故障点后,15min 内向国网客服中心报送。

(4)超电网供电能力停电信息原则上应提前报送停电范围及停送电时间等信息,无法预判的停电拉路应在执行后 15min 内报送停电范围及停送电时间。

(5)其他停送电信息应及时向国网客服中心报送。

(6)停送电信息内容发生变化后 10min 内应向国网客服中心报送相关信息,并简述原因;若延迟送电,应至少提前 30min 向国网客服中心报送延迟送电原因及变更后的预计送电时间。

(7)送电后应在 10min 内向国网客服中心报送现场送电时间。

6. 供电服务质量事件整改的内容是？

【知识点、考核点】供电服务质量管控。

【答案】

（1）供电服务指挥中心对发现的问题、差错上报相关职能部室，并形成供电服务质量督办单，下发至责任单位，督办整改措施，及时问题销号，规范供电服务行为，降低服务投诉风险。

（2）营销部、运检部、县供电公司接到供电服务指挥中心下发的督办或预警单，要组织开展现场调查核实，并制定响应的整改措施。并在 3 个工作日内向供电服务指挥中心运营管控室反馈整改结果或预控措施。

（3）营销部、运检部应根据供电服务指挥中心提出的供电服务质量方面的问题和建议，加强专业管理，集中整改反映集中的问题。加强对责任部门的考核评价，不断提高供电服务质量。

7. 重要服务事项报备的要求是什么？

【知识点、考核点】国家电网有限公司 95598 客户服务业务管理办法，国网（营销/4）272—2022。

【答案】

重要服务事项报备：

（一）在供用电过程中，因不可抗力、配合政府工作、系统改造升级、新业务或重点业务推广等原因，给客户用电带来影响的事项，或因客户不合理诉求可能给供电服务工作造成影响的事项，可发起重要服务事项报备。

（二）省、市、县公司按职责范围发起重要服务事项报备申请，根据业务分类，由省公司专业部门或电动汽车公司审核发布。其中，自然灾害类报备由市（县）公司直接发布应用。符合报备范围的，国网客服中心做好客户解释，原则上以咨询办结，不再派发投诉工单。

（三）事件跨度时间原则上不应超过 3 个月，其中最终答复类报备不超过 6 个月。

8. 重复诉求的含义及指标计算注意事项是什么？

【知识点、考核点】国家电网有限公司 95598 客户服务业务管理办法，国网（营销/4）272—2022。

【答案】

重复诉求指：一个月内同一客户、同一电话号码对同一事件重复致电两次及以上的事件数。（注：一个月指月度报表统计周期）

备注：客户重复致电情况是指统计周期内对各单位除故障报修、表扬和一次办结以外的业务，按照来电号码、客户编号、事件内容等进行重复筛查所得的重复事件数，以下情况除外：

（1）经公司认定为恶意和不合理诉求的重复事件。

（2）工单已办结但客户再次来电对原来的处理结果又提出新的诉求。

（3）工单在途未超时，客户再次来电反映同一事件。

（4）客户编号咨询、电量电费咨询、业务办理手续咨询等查询咨询类诉求，因同一客户可能查询咨询不同地址、不同月份的客户及用电信息，以及因客户自身原因遗忘而重复咨询等。

9. 国网客服中心 95598 服务质量评价指标包含哪些？

【知识点、考核点】国家电网有限公司 95598 客户服务业务管理办法，国网（营销/4）272—2022。

【答案】

（1）95598 工单受理派发及时率。

指标定义：受理后的工单派发及时数占受理后工单派发总数的比例。

计算方法：95598 工单受理派发及时率=派发工单及时数/派发工单总数×100%。

（2）咨询一次答复率。

指标定义：客户电话转人工咨询后，客服专员应答客户咨询以及一次处理完成咨询的工单，占咨询受理总数的比例。

计算方法：咨询一次答复率=（1−咨询派发工单量/咨询工单量）×100%。

（3）故障报修一次解决率。

指标定义：客服专员受理故障办结及故障合并工单占故障报。

修工单总数的比例。

计算方法：故障报修一次解决率=（1−故障派发工单量/故障工单量）×100%。

（4）回访及时率。

指标定义：在规定时限内回访的工单数量，占回访工单数量的比例。

计算方法：回访及时率=规定时限内完成的回访工单数/回访工单总数×100%。

10. 故障停送电信息报送要求是什么？

【知识点、考核点】国网宁夏电力有限公司停电信息管理规范（试行）。

【答案】

配电自动化系统覆盖的设备停电后，供电服务指挥系统将自动生成该停电事件，服务指挥班应在15min内通过供服系统停电池"一键生成"停电信息（系统自动拓扑分析停电设备及用户），在完善相应字段信息后向国网客服中心报送并同步将该停电信息推送至网上国网 App、95598 网站、微信公众号。

配电自动化系统未覆盖的设备跳闸停电后，应在抢修人员到达现场确认故障点后，各部门、区（县）公司按照专业管理职责，10min 内将具体分闸设备信息报送至供电服务指挥中心，由服务指挥班手动录入该停电事件，供服系统自动拓扑分析停电设备及用户，30min 内向国网客服中心报送停电信息。

11. 供电服务指挥班在停电信息数据质量校核中主要负责完成哪些工作？

【知识点、考核点】国网宁夏电力有限公司停电信息管理规范（试行）。

【答案】

针对流程已闭环的停电信息，服务指挥班在送电后的次日，借助用电采集系统补采后的停电设备负荷数据，通过供电服务指挥系统对已报送设备的负荷情况进行停电时段停电状态的验证。如果设备负荷连续，未发生停电问题，需对该设备主动生成并发起"数据质量异常"工单，通过派发至各区县公司核实反馈并整改后，供服中心进行审核归档。

针对可能未分析出、被遗漏的停电设备，供服系统通过抓取同一时段、同一区域内非停电线路上的其他停电设备，自动获取到可能存在的拓扑关系异常用户，由服务指挥班主动生成并发起"数据质量异常"工单，派发至各区县公司核实反馈并整改后，由供服中心进行审核归档，实现"数据异常及时整改、工单流转闭环管控"。

12. 故障报修业务分为哪两个等级？哪些情况需派发紧急故障报修？

【知识点、考核点】配网调控实用技术问答。

【答案】

故障报修业务分为紧急、一般两个等级。

满足以下条件需派发紧急故障报修：

已经或可能引发人身伤亡的电力设施安全隐患或故障；

已经或可能引发人员密集公共场所秩序混乱的电力设施安全隐患或故障；

已经或可能引发严重环境污染的电力设施安全隐患或故障；

已经或可能对高危及重要客户造成重大损失或影响安全、可靠供电的电力设施安全隐患或故障；

重要活动电力保障期间发生影响安全、可靠供电的电力设施安全隐患或故障；

已经或可能在经济上造成较大损失的电力设施安全隐患或故障；

已经或可能引发服务舆情风险的电力设施安全隐患或故障。

13. 用户不得自行转供电。在公用供电设施尚未到达的地区，供电企业征得该地区有供电能力的直供用户同意，可以采用委托方式向其附近的用户转供电力，但不得委托重要的国防军工用户转供电。委托转供电应当遵守哪些规定？

【知识点、考核点】2024 年 2 月 8 日国家发展改革委令第 14 号《供电营业规则》。

【答案】

委托转供电应当遵守下列规定：

（一）供电企业与委托转供户（简称转供户）应当就转供范围、转供容量、转供期限、转供费用、计量方式、电费计算、转供电设施建设、产权划分、运行维护、调度通信、违约责任等事项签订协议；

（二）转供区域内的用户（简称被转供户），视同供电企业的直供户，与直供户享有同样的用电权利，其一切用电事宜按照直供户的规定办理；

（三）向被转供户供电的公用线路与变压器的损耗电量应当由供电企业负担，不得摊入被转供户用电量中；

（四）在计算转供户用电量、最大需量及功率因数调整电费时，应当扣除被转供户、公用线路与变压器消耗的有功、无功电量；

（五）委托的费用，按照委托的业务项目的多少，由双方协商确定。

14. 供电企业对已受理的用电申请，应当尽快确定供电方案，正式书面通知用户供电方案的期限有什么要求？

【知识点、考核点】2024 年 2 月 8 日国家发展改革委令第 14 号《供电营业规则》。

【答案】

低压用户不超过三个工作日，高压单电源用户不超过十个工作日，高压双电源用户不超过二十个工作日。若不能如期确定供电方案时，供电企业应当向用户说明原因。用户对供电企业答复的供电方案有不同意见时，应当在一个月内提出意见，双方可以再行协商确定。用户应当根据确定的供电方案进行受电工程设计。

高压供电方案的有效期为一年，低压供电方案的有效期为三个月。用户应当在有效期内依据供电方案开工建设受电工程，逾期不开工的，供电方案失效。

用户遇有特殊情况，需延长供电方案有效期的，应当在有效期到期前十日向供电企业提出申请，供电企业应当视情况予以办理延长手续，但延长时间不得超过前款规定期限。

15. 供电企业对重要电力用户、居民住宅小区送审的受电工程设计文件和有关资料，有哪些要求？

【知识点、考核点】2024 年 2 月 8 日国家发展改革委令第 14 号《供电营业规则》。

【答案】

供电企业应当根据本规则的有关规定进行审核，单次审核时间不超过三个工作日，审核意见应当以书面形式连同审核过的一份受电工程设计文件和有关资料一并退还用户，以便用户据以施工。用户若更改审核后的设计文件，应当将变更后的设计再送供电企业复核。

重要电力用户、居民住宅小区受电工程的设计文件，未经供电企业审核同意，用户不得据以施工，否则，供电企业可以不予检验和接电。

不实行设计审查的高压用户，在竣工检验时提交设计单位资质证明材料、受电工程设计及说明书。

16. 供电设施的运行维护管理范围，按照产权归属确定。产权归属不明确的，责任分界点划分有哪些规定？

【知识点、考核点】2024 年 2 月 8 日国家发展改革委令第 14 号《供电营业规则》。

【答案】

（一）公用低压线路供电的，以电能表前的供电接户线用户端最后支持物为分界点，支持物属供电企业；

（二）10（6、20）kV 以下公用高压线路供电的，以用户厂界外或配电室前的第一断路器或第一支持物为分界点，第一断路器或第一支持物属供电企业；

（三）35kV 以上公用高压线路供电的，以用户厂界外或用户变电站外第一基电杆为分界点，第一基电杆属供电企业；

（四）采用电缆供电的，本着便于维护管理的原则，分界点由供电企业与用户协商确定；

（五）产权属于用户且由用户运行维护的线路，以公用线路分支杆或专用线路接引的公用变电站外第一基电杆为分界点，专用线路第一基电杆属用户。

在电气上的具体分界点，由供用双方协商确定。

17. 容（需）量电费按照变压器容量或最大需量计收，同一计费周期内用户计算容（需）量电费有哪些规定？

【知识点、考核点】2024 年 2 月 8 日国家发展改革委令第 14 号《供电营业规则》。

【答案】

以变压器容量计算容（需）量电费的用户，其备用的变压器（含不通过变压器的高压电动机），属冷备用状态并经供电企业加封的，不收容（需）量电费；属热备用状态的或未经加封的，不论使用与否都计收容（需）量电费。用户专门为调整用电功率因数的设备，如电容器、调相机等，不计收容（需）量电费。

在受电设施一次侧装有连锁装置互为备用的变压器（含不通过变压器的高压电动机），按照可能同时使用的变压器（含不通过变压器的高压电动机）容量之和的最大值计算其容（需）量电费。

以最大需量方式计收需量电费的用户，计收方式按照相关电价政策规定执行。

18. 供电营业规则中，能够查实用户窃电量的，按已查实的数额确定窃电量。窃电量不能查实的，用户窃电量的计算有哪些规定？

【知识点、考核点】2024 年 2 月 8 日国家发展改革委令第 14 号《供电营业规则》。

【答案】

（一）在供电企业的供电设施上，擅自接线用电或者绕越供电企业电能计量装置用电的，所窃电量按照私接设备额定容量（千伏安视同千瓦）乘以实际使用时间计算确定；

（二）以其他行为窃电的，所窃电量按照计费电能表标定电流值（对装有限流器的，按照限流器整定电流值）所指的容量（千伏安视同千瓦）乘以实际窃用的时间计算确定。

窃电时间无法查明时，窃电日数以一百八十天计算。每日窃电时长，电力用户按照十二小时计算、照明用户按照六小时计算。

19. 故障研判技术原则中信息来源准确性校验原则是什么？

【知识点、考核点】《配网调控实用技术问答》。

【答案】

（1）主干线开关跳闸信息结合该线路下的多个配变停电告警信息，校验主干线开关跳闸信息的准确性。

（2）分支线开关跳闸信息结合该支线路下的多个配变停电告警信息，校验分支线开关跳闸信息的准确性。

（3）配变停电告警信息通过实时召测配变终端及该配变下随机多个智能电表的电压、电流、负荷值来校验配变停电信息的准确性。

（4）客户失电告警信息通过实时召测客户侧电能表的电压、电流、负荷值来校验客户内部故障或低压故障。

20. 配网故障研判支持系统中故障停送电信息如何进行报送？

【知识点、考核点】《配网调控实用技术问答》。

【答案】

（1）可通过配网单线图选择停电设备进行拓扑分析及拓扑动态着色功能，同时自动生成停电范围，人工补充相关必要信息，报送故障停送电信息，故障处理结束后，向95598业务系统反馈送电信息。

（2）可依据总线故障跳闸告警、配变停电告警、故障指示器短路告警等信息自动生成故障停电信息，包括停电范围、停电区域、停电原因等内容，人工确认后报送停电信息。故障工单处理完成后，自动向95598业务系统报送送电信息。

在停电预计结束时间前，系统提供延时送电预警。

21. 供电服务关键指标分析包含哪些内容？

【知识点、考核点】供电服务质量管控。

【答案】

客户投诉率、客户满意度、"互联网＋"线上业务受理率、业扩服务时限达标率、95598工单处理及时率、平均抢修时长、巡视计划执行率、配电缺陷消除及时率等供电服务关键指标。

22. 业扩服务时限是？

【知识点、考核点】供电服务质量管控。

【答案】

（1）供电方案答复期限：在受理申请后，低压客户在次工作日完成现场勘查并答复供电方案；10kV 单电源客户不超过 14 个工作日；10kV 双电源客户不超过 29 个工作日；35kV 及以上单电源客户不超过 15 个工作日；35kV 及以上双电源客户不超过 30 个工作日。

（2）中间检查的期限：自接到客户申请之日起，高压供电客户不超过 3 个工作日。

（3）竣工检验的期限：自受理之日起，高压客户不超过 5 个工作日。

（4）装表接电的期限：对于无配套电网工程的低压居民客户，在正式受理用电申请后，2 个工作日内完成装表接电工作；对于有配套电网工程的低压居民客户，在工程完工当日装表接电。对于无配套电网工程的低压非居民客户，在正式受理用电申请后，3 个工作日内完成装表接电工作；对于有配套电网工程的低压非居民客户，在工程完工当日装表接电。对于高压客户，在竣工验收合格，签订供用电合同，并办结相关手续后，5 个工作日内完成送电工作。

23. 故障抢修时限要求？

【知识点、考核点】故障抢修。

【答案】

（1）供电服务指挥中心值班人员应在接到故障报修工单后 3min（180s）完成工单派发，各级抢修人员应在 5min 内完成手持终端 App 接单确认工作。

（2）故障抢修人员到达现场的时限时间为：城区范围不超过 45min，农村地区不超过 90min，特殊边远地区不超过 2h。

（3）抢修人员到达故障现场后 5min 内将到达现场时间录入系统，抢修完毕后，抢修人员应在 5min 内填报故障处理情况并返回到供电服务指挥中心，服务指挥班应在 30min 内完成工单审核、提交工作。

（4）抢修人员到达现场后，确认属于客户产权设备故障或自行维护线路故障，应告知客户自行委托施工单位处理或与该产权管理部门联系解决。

（5）抢修人员应按照故障分级，优先处理紧急故障，如实向上级部门汇报抢修进展情况，直至故障处理完毕。预计当日不能修复完毕的紧急故障，应及时向供电服务指挥中心汇报；抢修时间超过 4h 的，每 2h 向服务指挥班报告故障处理进展情况。

（6）发生 10kV 故障，服务指挥班应及时与配网调控班核实信息，确认为 10kV 设备发生跳闸事件，下发主动抢修工单至抢修人员手持终端，抢修人员及时排查故障并在工单中如实填写故障原因、停电范围、停电时间等故障信息。

（7）表计故障抢修应采用携表抢修现场更换故障电表的方式，更换后应做好记录，及时传递营销部门，并在1个工作日内完成表计变更流程，确保用户正常用电。

（8）故障抢修需要打开电表箱的，工作完毕须将表箱立即加锁并在工单中注明；需要打开电表尾盖的，工作完毕须立即进行加封并在工单中注明；无论发生何种故障，严禁打开电表外壳；高低压表计损毁的应当调查损毁原因。

24. 95598客户服务主要指什么？

【知识点、考核点】《能源互联网营销服务系统》。

【答案】

受理客户关于公司营销相关的业务咨询、投诉、举报、意见（建议）、业务申请、催办等电力服务诉求，依照有关规定，对客户的服务诉求进行处理，并对服务诉求处理情况进行跟踪、回访，了解客户对服务请求处理满意程度的业务统称。

25. 网格化服务渠道客户服诉求业务管理中工单填写要求？

【知识点、考核点】国网宁夏电力有限公司网格化服务渠道客户服务管理办法（试行）。

【答案】

（1）各地市公司网格化服务渠道人员受理客户诉求时，应了解客户诉求原因，引导提供客户编号等信息，应用客户历史服务信息、知识库、客户档案等全渠道数据信息，精准解答客户诉求，尊重客户匿名保密要求，准确选择业务分类，完整记录客户姓名、地址、联系方式、回复（回访）要求、业务描述等，做到语句通顺、表达清晰、内容完整。

（2）客户反映多个诉求按照如下要求派发工单：

1）业务类型不同，按照业务类型的最高等级派发；

2）业务类型相同，按照客户主要诉求所属的业务子类派发；

3）对于时效性要求紧急的业务，应分别派发工单；

4）属于不同供电单位的，按供电单位分别派发工单。

（3）处理部门回复工单时，应做到规范、全面、真实，针对故障范围、复电时间、抄表方式等实现点选回单，处理情况保留人工填写。

（4）受理单位回复（回访）客户时，应准确、完整记录客户意见。